教科書ワーク
もくじ

光村図書版
漢字4年

JN093986

【イラスト】クリエイティブ・ノア、TICTOC、はやはらよしろう

ふしぎな出来事をとらえて読み、考えたことを話そう

きほんのワーク

白いぼうし
図書館の達人になろう

◆「読み方」の赤い字は教科書で使われている読みです。●はまちがえやすい漢字です。

教科書 ㊤21〜37ページ

勉強した日　月　日

白いぼうし

22ページ

信（あける）

にんべん　信

読み方
シン
―

使い方
信号《しんごう》・自信《じしん》
自分を信《しん》じる

信信信信信信信信信
★
9画《かく》

漢字のでき方。

信　言…「言葉」を表す。

　　亻…「人」を表す。

人の言葉が心の中と同じになるということから、「まこと・真実」という意味を表すよ。

でき方

23ページ

●達（横ぼう三本　一画）

しんにょう
しんにゅう　達

読み方
タツ
―

使い方
速達《そくたつ》・発達《はったつ》
ゴールに達《たっ》する

達達達達達達達達達達達達
★
12画

24ページ

飛（はねる　はらう）

とぶ　飛

読み方
ヒ
とぶ・とばす

使い方
飛行《ひこう》・飛来《ひらい》
飛《と》び出す・上に飛《と》ばす

飛飛飛飛飛飛飛飛飛
★
9画

筆順《じゅん》に注意。

「飛」は、「飛飛飛飛」の順に書くよ。

上の「飞」を書いてから、次に真ん中のたてぼう、外がわの二画、最後《さい》に下の「飞」の順だよ。

注意！

26ページ

席（立てる　はらう　はねる）

はば
はばへん　席

読み方
セキ
―

使い方
運転席《うんてんせき》・客席《きゃくせき》
席《せき》に着く

席席席席席席席席席席
★
10画

筆順 1 2 3 4 5　まちがえやすいところ…★

建
26ページ

建　えんにょう

二画　つき出す　長くはらう

9画

読み方
ケン・(コン)
たてる・たつ

使い方
建国《けんこく》・建設《けんせつ》
建物《たてもの》・家が建《た》つ

同じ読み方の漢字。
建《た》つ…たてものができる。
れい　ビルが建つ。
立《た》つ…体を起こして足でささえる。草木が生える。
れい　大地に立つ。木が立つ。

菜
27ページ

菜　くさかんむり

はらう　とめる

11画

読み方
サイ
な

使い方
菜園《さいえん》・野菜《やさい》
菜《な》の花・青菜《あおな》

標
32ページ

標　きへん

長く　とめる　とめる　はねる

15画

読み方
ヒョウ
―

使い方
目標《もくひょう》・標高《ひょうこう》・標本《ひょうほん》

図書館の達人になろう

例
33ページ

例　にんべん

とめる　はらう　はねる

8画

読み方
レイ
たとえる

使い方
例《れい》をあげる・例外《れいがい》
例《たと》えば

漢字のでき方。
例
列…「ならぶ」ことを表す。
亻…「人」を表す。
人がならんでいることから、「同じようなものがならぶ」様子を表すよ。

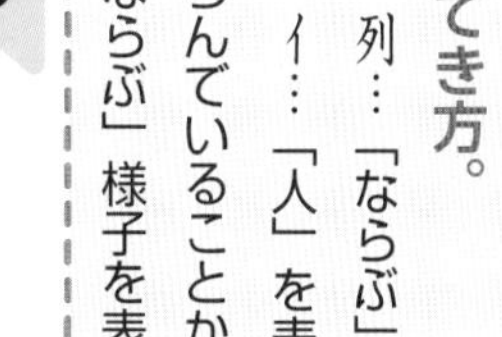

法
36ページ

法　さんずい

下を長く　とめる

8画

読み方
ホウ
(ハッ)(ホッ)
―

使い方
方法《ほうほう》・法則《ほうそく》・用法《ようほう》

にた意味をもつ漢字。
「法」と「方」はどちらも「やりかた」という意味をもつよ。
法　例　手法・用法
方　例　方式・方便《べん》

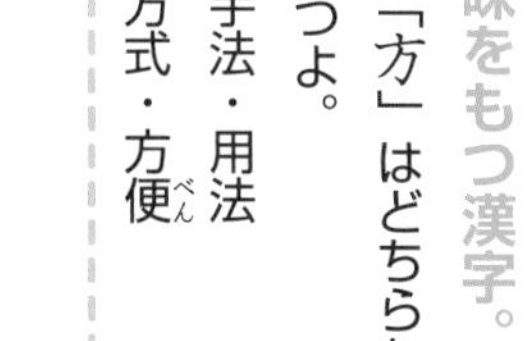

ものしりメモ
「建つ」と「立つ」のように、読み方は同じでも漢字がことなる言葉は、たくさんあるよ。文の中での意味を考えて、正しい漢字を使えるようになろう。

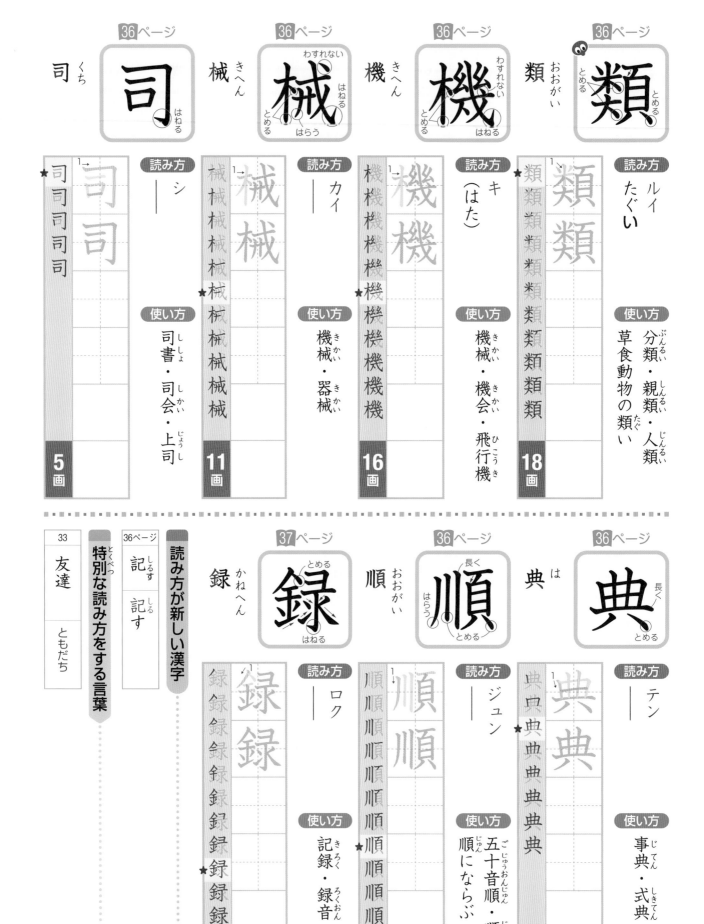

36ページ

類
おおがい

とめる　とめる

読み方
ルイ
たぐい

使い方
分類《ぶんるい》・親類《しんるい》・人類《じんるい》
草食動物の類《たぐ》い

18画

36ページ

機
きへん

わすれない　とめる　はねる

読み方
キ
（はた）

使い方
機械《きかい》・機会《きかい》・飛行機《ひこうき》

16画

36ページ

械
きへん

わすれない　はねる　とめる　はらう

読み方
カイ
—

使い方
機械《きかい》・器械《きかい》

11画

36ページ

司
くち

はねる

読み方
シ
—

使い方
司書《ししょ》・司会《しかい》・上司《じょうし》

5画

36ページ

典
は

長く　とめる

読み方
テン
—

使い方
事典《じてん》・式典《しきてん》・出典《しゅってん》

8画

36ページ

順
おおがい

長く　はらう　とめる

読み方
ジュン
—

使い方
五十音順《ごじゅうおんじゅん》・順調《じゅんちょう》・手順《てじゅん》
順《じゅん》にならぶ

12画

37ページ

録
かねへん

とめる　はねる

読み方
ロク
—

使い方
記録《きろく》・録音《ろくおん》・登録《とうろく》

16画

読み方が新しい漢字

36ページ
記《しるす》
記《しる》す

特別《とくべつ》な読み方をする言葉

33
友達
ともだち

ものしりメモ
「類」と「順」は、どちらも「頁」という同じ部分をもつね。「頁」は「おおがい」といい、「人の頭」を表しているよ。

練習のワーク

白いぼうし
図書館の達人になろう

教科書 上21～37ページ
答え 1ページ
勉強した日 月 日

1 新しい漢字を読みましょう。

① 21ページ 信号（　）が赤になる。
② 速達（　）で送る。
③ 何かが飛（　）び出す。
④ 運転席（　）のまど。
⑤ 四角い建物（　）。
⑥ 菜（　）の花がさく。
⑦ 目標（　）を決める。

⑧ 文章の例（　）。
⑨ 友達（　）の考え。
⑩ 35ページ 本をさがす方法（　）。
⑪ 分類（　）のしかた。
⑫ ぎじゅつや機械（　）。
⑬ 司書（　）の先生。
⑭ 百科事典（　）を活用する。

⑮ 文字を記（　）す。
⑯ 五十音順（　）にならぶ。
⑰ 記録（　）をつける。
ここからはってん
✿⑱ 飛行場（　）を見学する。
✿⑲ ビルの建設《せつ》（　）。
✿⑳ 野菜（　）を食べる。
✿㉑ 例（　）えばの話をする。

✿の漢字は新出漢字のべつの読み方です。

2 新しい漢字をかきましょう。〔　〕は、送りがなもかきましょう。

① 21ページ □□《しんごう》がかわる。

② □□《そくたつ》を受け取る。

③ つばめが〔　　〕《とぶ》。

④ □□□《うんてんせき》にすわる。

⑤ 高い□□《たてもの》。

⑥ きいろい□《な》のはな。

⑦ 父を□□《もくひょう》とする。

⑧ □《れい》にならう。

⑨ □□《ともだち》と話す。

⑩ 35ページ かんたんな□□《ほうほう》。

⑪ 三つに□□《ぶんるい》する。

⑫ 大がたの□□《きかい》。

⑬ □□《ししょ》としてはたらく。

⑭ ひゃっか□□《じてん》で調べる。

⑮ 名前を〔　　〕《しるす》。

⑯ □□□□《ごじゅうおんじゅん》。

⑰ 話し合いの□□《きろく》。

ここからはってん

✿⑱ □□□《ひこうじょう》の近く。

✿⑲ 学校を□《けん》設《せっ》する。

✿⑳ □□《やさい》を買う。

✿㉑ □《たと》えば犬がいたとする。

✿の漢字は新しゅつ漢字のべつの読みかたです。

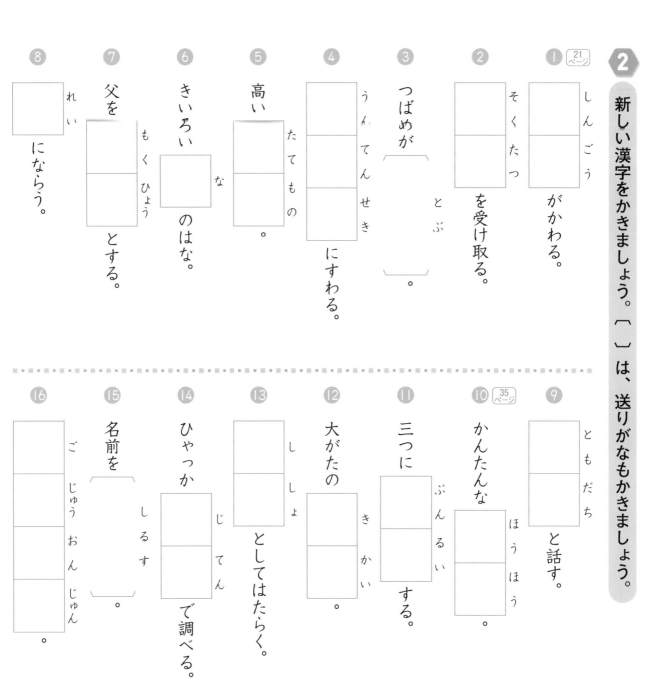

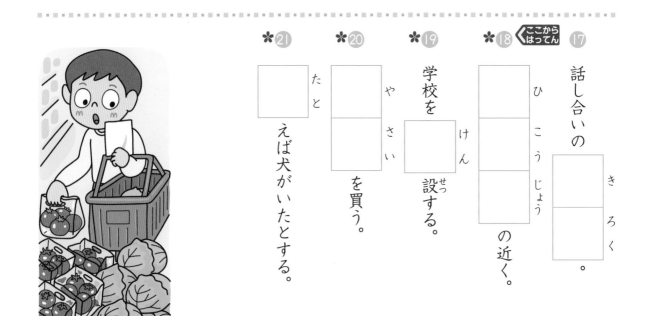

3 漢字でかきましょう。（〰は、送りがなもかきましょう。太字は、この回で習った漢字を使ったことばです。）

① しんごうのあるどうろをわたる。

② ゆうびんきょくでそくたつをだす。

③ とりがじゆうにそらをとぶ。

④ じどうしゃのうんてんせき。

⑤ たてもののよこをとおる。

⑥ のはらいちめんになのはながさく。

⑦ こんげつのもくひょうをかみにかく。

⑧ ぐたいてきなれいをさがす。

⑨ もりをまもるほうほうをかんがえる。

⑩ ふくをいろべつにぶんるいする。

⑪ こうじょうのきかいがうごく。

⑫ ししょのせんせいがすすめるほん。

⑬ おもいひゃっかじてんをひらく。

⑭ すきなことばをてちょうにしるす。

⑮ ひらおよぎのせかいきろく。

きほんのワーク

漢字辞典を使おう
春の楽しみ

教科書 上38～43ページ

勉強した日　月　日

漢字辞典を使おう／春の楽しみ

38ページ

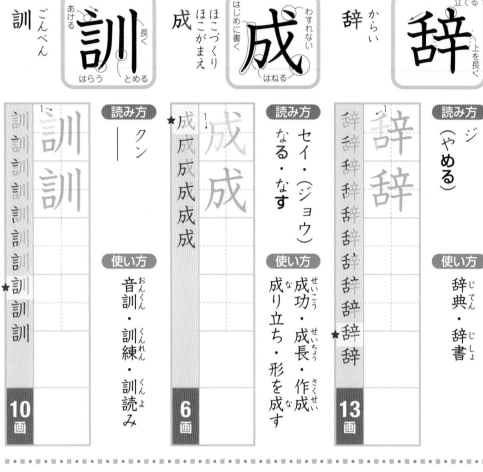

辞

からい

立てる　上を長く

読み方：ジ　（やめる）

使い方：辞典《じてん》・辞書《じしょ》

13画

38ページ

成

ほこづくり　ほこがまえ

はじめに書く　わすれない　はねる

読み方：セイ・（ジョウ）　なる・なす

使い方：成功《せいこう》・成長《せいちょう》・作成《さくせい》　成《な》り立ち・形を成《な》す

6画

38ページ

訓

ごんべん

あける　長く　はらう　とめる

読み方：クン　―

使い方：音訓《おんくん》・訓練《くんれん》・訓読《くんよ》み

10画

◆「読み方」の赤い字は教科書で使われている読みです。

39ページ

印

ふしづくり

はねる　とめる

読み方：イン　しるし

使い方：印象《いんしょう》・消印《けしいん》　目印《めじるし》・印《しるし》をつける

6画

41ページ

静

あお

一番長く　つき出す　とめる　はねる

読み方：セイ・（ジョウ）　しず・しず　しずまる・しずめる

使い方：静止《せいし》・安静《あんせい》・静岡《しずおか》　静《しず》かな森・家が静《しず》まる

14画

41ページ

愛

こころ

はねる　はらう

読み方：アイ　―

使い方：愛読書《あいどくしょ》・愛犬《あいけん》・愛知《あいち》

13画

筆順 1 2 3 4 5　まちがえやすいところ…★

41ページ

昨

昨　ひへん

昨（labels: 短く・小さく）

読み方

サク

―

9画

使い方

昨夜《さくや》・昨年度《さくねんど》

同じ読み方で形のにている漢字。

昨（サク）　例　昨年・昨夜

作（サク）　例　作品・作文

注意！

41ページ

城

城　つちへん

城（labels: わすれない・はねる）

読み方

ジョウ

しろ

9画

使い方

築城《ちくじょう》・城下町《じょうかまち》

城《しろ》を守る・お城《しろ》

41ページ

初

初　かたな

初（labels: あける・わすれない・つき出さない・とめる・はねる）

読み方

ショ

はじめ・はじめて

はつ・(うい)(そめる)

7画

使い方

初夏《しょか》・初日《しょにち》・初心者《しょしんしゃ》

初《はじ》め・初耳《はつみみ》・初雪《はつゆき》

41ページ

景

景　ひ

景（labels: 小さく・長く・はらう・はねる・とめる）

読み方

ケイ

―

12画

使い方

風景《ふうけい》・景品《けいひん》・情景《じょうけい》

41ページ

群

群　ひつじ

群（labels: つき出す・一番長く・つき出さない）

読み方

グン

むれる・むれ

むら

13画

使い方

群馬《ぐんま》・大群《たいぐん》

鳥の群《む》れ・虫が群《むら》がる

読み方が新しい漢字

38ページ	39	41	41	41
画《カク》	首《シュ》	西《サイ》	南《ナン》	北《ホク》
画数《かくすう》	部首《ぶしゅ》	東西南北《とうざいなんぼく》		

41	41	41	41	41
社《やしろ》	本《もと》	青《セイ》	夏《カ》	絵《カイ》
お社《やしろ》	本《もと》を正す	青年《せいねん》	初夏《しょか》	絵画《かいが》

43	43
立《リツ》	春《シュン》
立春《りっしゅん》	

ものしりメモ

「初」の部首は、「刀」(かたな)だよ。「ネ」(ころもへん)ではないので注意しよう。また、「ネ」の部分を「ネ」と書かないように気をつけよう。

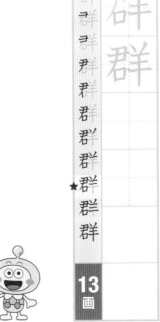

練習のワーク

漢字辞典を使おう
春の楽しみ

教科書 上 38～43ページ

答え 1ページ

勉強した日　月　日

1 新しい漢字を読みましょう。

① 38ページ 辞典（　）を使う。

② 漢字の成（　）り立ち。

③ 画数（　）を調べる。

④ 音訓（　）の読み方。

⑤ 部首（　）べつに分類する。

⑥ 形を目印（　）とする。

⑦ 東西南北（　）をしめす。

⑧ 静（　）かな森。

⑨ 古いお社（　）へ行く。

⑩ 愛読書（　）を教える。

⑪ 昨夜（　）の計画を見直す。

⑫ 物事の本（　）を正す。

⑬ 一人の青年（　）。

⑭ 城（　）のれきしを知る。

⑮ 初夏（　）の田んぼ。

⑯ 美しい風景（　）。

⑰ 鳥の群（　）れが飛ぶ。

⑱ 絵画（　）をかざる。

⑲ 42ページ 立春（　）をむかえる。

✿⑳ ここからはってん 成長（　）が早い。

✿㉑ 強い印象《しょう》（　）を受ける。

✿の漢字は新出漢字のべつの読み方です。

✿22 安静〔　〕にする。〔　〕

✿23 城下町〔　〕を歩く。

✿24 四月の〔　〕初め。〔　〕

✿25 初雪〔　〕がふる。

✿26 大群〔　〕がおしよせる。

✿27 はとが〔　〕群がる。

2 新しい漢字をかきましょう。〔　〕は、送りがなもかきましょう。

38ページ

1 漢字□□《じてん》を見る。

2 国の〔　〕《なり》立ち。

3 漢字の□□《かくすう》。

4 □□《おんくん》さくいん。

5 □□《ぶしゅ》を調べる。

6 □□《めじるし》をつける。

7 □□□□《とうざいなんぼく》。

8 〔　〕《しずか》にする。

9 お□《やしろ》がある。

10 父の□□□《あいどくしょ》。

11 □□《さくや》見たゆめ。

12 行いの□《もと》を正す。

13 さわやかな□□《せいねん》。

14 □《しろ》を見学する。

15 □□《しょか》にさく花。

16 雪山の□□《ふうけい》。

17 動物の〔　〕《むれ》。

18 人物をえがいた□□《かいが》。

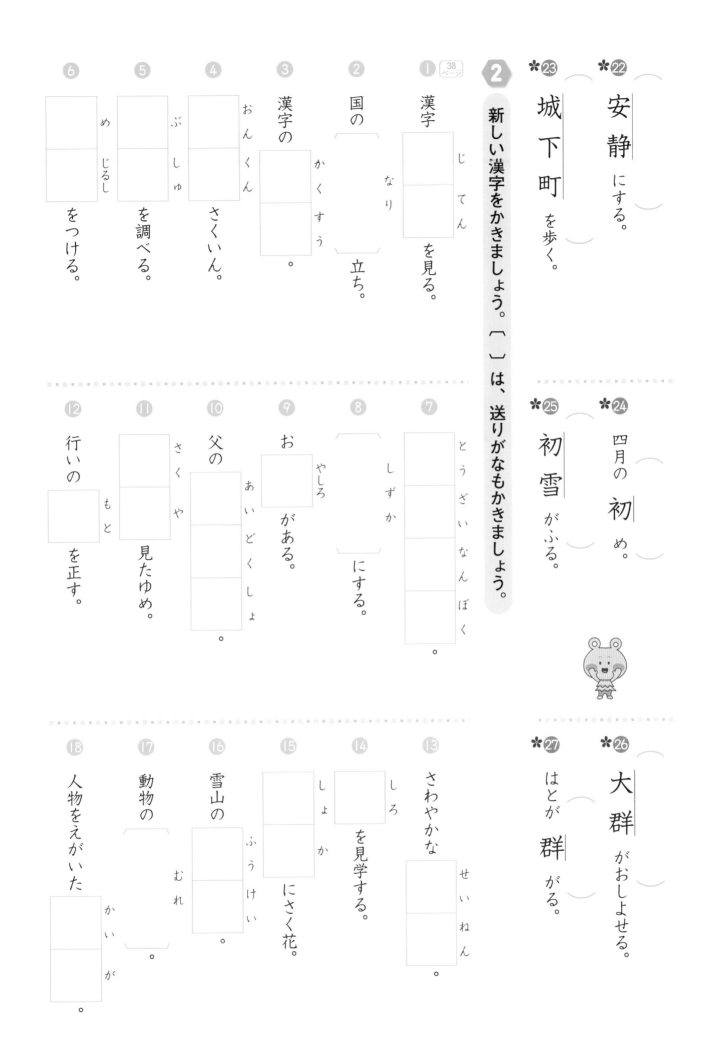

⑲ 42ページ
□□《りっしゅん》が近づく。

＊⑳ ここからはってん
ひながりっぱに□□《せいちょう》する。

＊㉑ □《いん》象《しょう》にのこる作品。

＊㉒ 一日□□《あんせい》にすごす。

＊㉓ 京都の□□□《じょうかまち》。

＊㉔ □《はじ》めにあいさつする。

＊㉕ 魚がえさに□《むら》がる。

3 かんじでかきましょう。（〰は、送りがなもかきましょう。太じは、この回で習ったかんじを使った言葉です。）

① かんじじてんのぶしゅさくいん。

② おおきいしろをめじるしにすすむ。

③ しずかにじゅんばんをまつ。

④ あいどくしょをはっぴょうする。

⑤ さくやのできごとをはなす。

⑥ せいねんがりそうをかたる。

⑦ しょかのふうけいがひろがる。

⑧ いぬがひつじのむれをおう。

⑨ ゆうめいなかいががこうかいされる。

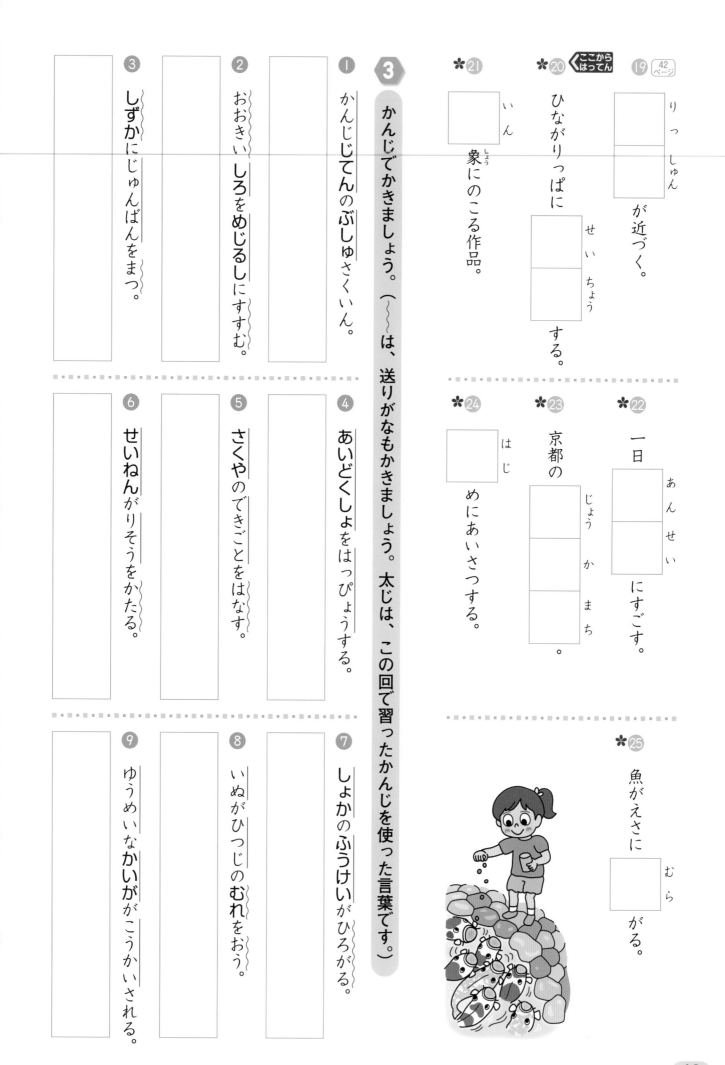

大事なことを落とさずに聞こう

きほんのワーク

聞き取りメモのくふう　カンジーはかせの都道府県の旅1／漢字の広場①

教科書 上44～52ページ

勉強した日　月　日

◆「読み方」の赤い字は教科書で使われている読みです。●はまちがえやすい漢字です。

聞き取りメモのくふう

45ページ

必　必 こころ　（はらう・はねる）

読み方：ヒツ　かならず

使い方：必要《ひつよう》・必死《ひっし》　必《かなら》ずしも・必《かなら》ず行く

5画

45ページ

要　要 にし　（少し出す・長く・とめる）

読み方：ヨウ　かなめ・（いる）

使い方：必要《ひつよう》・要点《ようてん》・重要《じゅうよう》　要《かなめ》となる人

9画

筆順に注意。

「必」は、「丶ソ义必必」の順に書くよ。

「ノ」が最後《さい》ではないよ。

注意！

45ページ

的　的 しろ　（わすれない・はねる）

読み方：テキ　まと

使い方：目的《もくてき》・的中《てきちゅう》・科学的《かがくてき》　的《まと》をしぼる

8画

カンジーはかせの都道府県の旅1

50ページ

府　府 まだれ　（立てる・はらう・わすれない・はねる）

読み方：フ　—

使い方：都道府県《とどうふけん》・京都府《きょうとふ》

8画

漢字の意味。

「的」は言葉の下について、「…のような」「…らしい」などの意味をくわえるはたらきがあるよ。例えば「日本的」は、「日本らしい」という意味になるね。

漢字の意味

筆順 1 2 3 4 5　まちがえやすいところ…★

51ページ

茨 くさかんむり

はねる　はらう

9画

読み方

いばら

使い方

茨城《いばらき》・茨《いばら》が生える

茨《いばら》の道を行く

51ページ

栃 きへん

はらう　はねる

9画

読み方

とち

使い方

栃木《とちぎ》・栃《とち》の実

51ページ

埼 つちへん

つき出す　はねる

11画

読み方

さい

使い方

埼玉《さいたま》

51ページ

奈 だい

はねる

8画

読み方

ナ

使い方

神奈川《かながわ》・奈良《なら》・奈落《ならく》

51ページ

潟 さんずい

あける　はねる

15画

読み方

かた

使い方

新潟《にいがた》・干潟《ひがた》

漢字の形に注意。

潟

「臼」の部分を「旦」と書かないようにしよう。

51ページ

富 うかんむり

立てる　はねる　わすれない　大きく

12画

読み方

フ・(フウ)

とむ・とみ

使い方

豊富《ほうふ》・富山《とやま》

話題に富《と》む・多くの富《とみ》

読み方に注意。

「富」には、二つの訓読みがあるよ。

と(む)　例　栄養《えいよう》に富む。

とみ　例　多くの富をもつ。

送りがなに気をつけて使い分けよう。

井
51ページ

井 に

井（下を長く・はらう）

読み方
(セイ)(ショウ)
い

使い方
福井《ふくい》・井戸《いど》

4画

梨
51ページ

梨 き

梨（はねる・とめる・はらう）

読み方
なし

使い方
山梨《やまなし》・梨《なし》を食べる

11画

量
51ページ

量 さと

量（長く・下を長く）

読み方
リョウ
はかる

使い方
生産量《せいさんりょう》・数量《すうりょう》・大量《たいりょう》
重さを量《はか》る

12画

岐
51ページ

岐 やまへん

岐（はなす・はらう）

読み方
(キ)

使い方
岐阜《ぎふ》

7画

阜
51ページ

阜 おか

阜（左下へ・あける・長く）

読み方
フ

使い方
岐阜《ぎふ》

8画

岡
51ページ

岡 やま

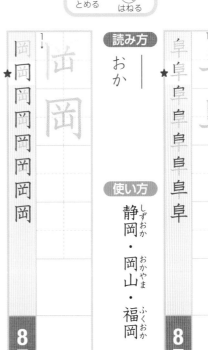

岡（とめる・はねる）

読み方
おか

使い方
静岡《しずおか》・岡山《おかやま》・福岡《ふくおか》

8画

読み方が新しい漢字

ページ	漢字	言葉
46ページ	用《もちいる》	用《もち》いる
50	形《かた》	山形《やまがた》
51	馬《ま》	群馬《ぐんま》
51	口《コウ》	人口《じんこう》
51	新《にい》	新潟《にいがた》

特別《とくべつ》な読み方をする言葉

ページ	言葉	読み
50	宮城	みやぎ
50	七夕	たなばた
51	茨城	いばらき
51	神奈川	かながわ
51	富山	とやま
51	岐阜	ぎふ

ものしりメモ 都道府県を地方ごとにまとめて次のようにいうよ。北海道・東北・関東《かん》・中部・近畿《き》・中国・四国・九州(沖縄《おきなわ》県をふくめず、九州・沖縄地方とよぶこともある)。地図などで見てみよう。

練習のワーク

聞き取りメモのくふう
カンジーはかせの都道府県の旅1／漢字の広場①

教科書 上44～52ページ

答え 2ページ

勉強した日　月　日

1 新しい漢字を読みましょう。

① 44ページ 必要な言葉を書く。

② 目的をたしかめる。

③ 記号を用いる。

④ 50ページ 都道府県の名前。

⑤ 宮城県。

⑥ 七夕のお祭り。

⑦ 山形県。

⑧ 茨城県。

⑨ 栃木県。

⑩ 群馬県。

⑪ 埼玉県。

⑫ 人口が多い。

⑬ 神奈川県。

⑭ 新潟県。

⑮ 富山県。

⑯ 福井県。

⑰ 山梨県。

⑱ キノコの生産《さん》量。

⑲ 岐阜県。

⑳ 静岡県。

✿㉑ ここからはってん 必ずやりとげる。

✿の漢字は新出漢字のべつの読み方です。

*㉒ おうぎの〔　　〕要。

*㉓ 〔　　〕的に当てる。

2 新しい漢字を書きましょう。〔　〕は、送りがなも書きましょう。

*㉔ 水が豊《ほう》〔　　〕富にある。

*㉕ 荷物の重さを〔　　〕量る。

① 44ページ ひつよう□□な物を買う。

② もくてき□□をはたす。

③ 道具を もちいる〔　　〕。

④ 50ページ とどうふけん□□□□。

⑤ みやぎ□□県。

⑥ たなばた□□のねがいごと。

⑦ やまがた□□県。

⑧ いばらき□□県。

⑨ とちぎ□□県。

⑩ ぐんま□□県。

⑪ さいたま□□県。

⑫ 町の じんこう□□がふえる。

⑬ かながわ□□□県。

⑭ にいがた□□県。

⑮ とやま□□県。

⑯ ふくい□□県。

⑰ やまなし□□県。

⑱ 米の生産《さん》 りょう□を調べる。

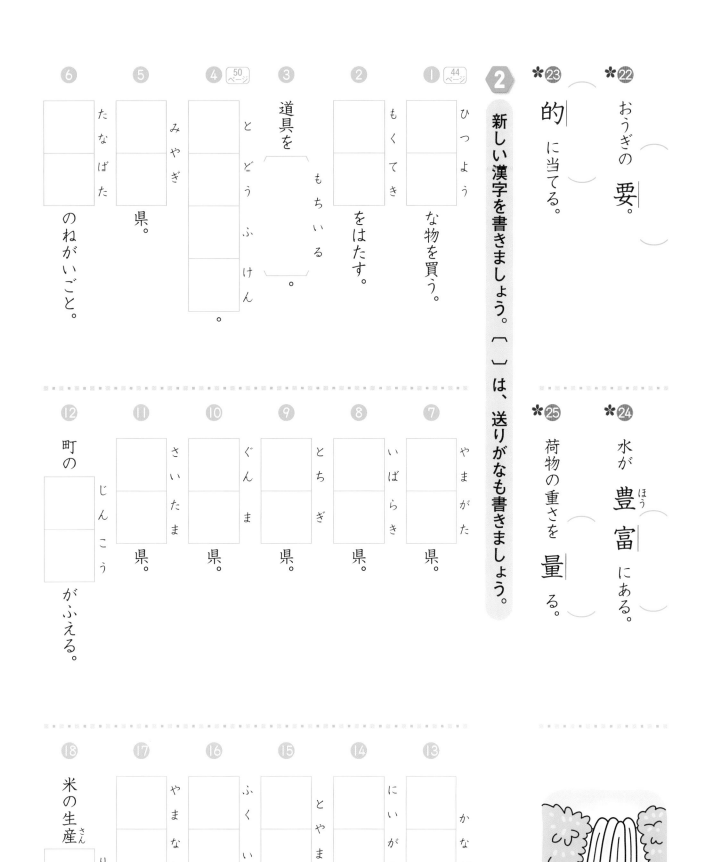

⑲ □□《ぎふ》県。

⑳ □□《しずおか》県。

✿㉑ ここからはってん やくそくは□《かなら》ず守る。

✿㉒ チームの□《かなめ》となる。

✿㉓ □《まと》に矢をいる。

✿㉔ 栄養豊《えいようほう》□《ふ》なたべ物。

✿㉕ 体重を□《はか》る。

3 漢字でかきましょう。（〜〜は、おくりがなもかきましょう。太字は、この回で習った漢字を使ったことばです。）

1 **ひつよう**などうぐを**もちいる**。

2 りょこうの**もくてき**をいう。

3 **じんこう**のすくない**とどうふけん**。

4 **やまがた**しないでなつまつりがある。

5 **とちぎ**けんのじんじゃのしゃしん。

6 **ぐんま**けんでおんせんにはいる。

7 **にいがた**でとれたおこめをたべる。

8 **ふくい**けんでかせきがはっけんされる。

9 **やまなし**けんと**しずおか**けんのやま。

4 漢字の広場

三年生で習った漢字をかきましょう。〔　〕は、おくりがなもかきましょう。

1. □《みなと》から船で□《しま》に向かう。
2. お□《みや》まいりをする。
3. □□《さかみち》を上る。
4. □《やど》にとまる。
5. □□《てっきょう》をわたる。
6. テレビの□□□《ほうそうきょく》。
7. 町の□□《ちゅうおう》にある□《えき》。
8. □□《けんりつ》の学校。

9. □□□《としょかん》の本。
10. □□《ちく》センターへいく。
11. 〔　〕《もうし》こみをする。
12. □□《やくしょ》の仕事。
13. □□《つごう》のよい日。
14. □□《のうか》の□□《おんしつ》。
15. 〔　〕《まがり》みちがつづく。
16. 牧《ぼく》場で□《ひつじ》をかう。

17. □《はたけ》になえを〔　〕《うえる》。
18. □《みずうみ》でつりをする。
19. □□《やっきょく》でしっぷを買う。
20. □□《ぎんこう》にお金をあずける。
21. □□《びょういん》の□□《いしゃ》。
22. □□《しょうてん》の□□《てんしゅ》。
23. □《やす》売りの品。
24. □□《ぎょうれつ》ができる。

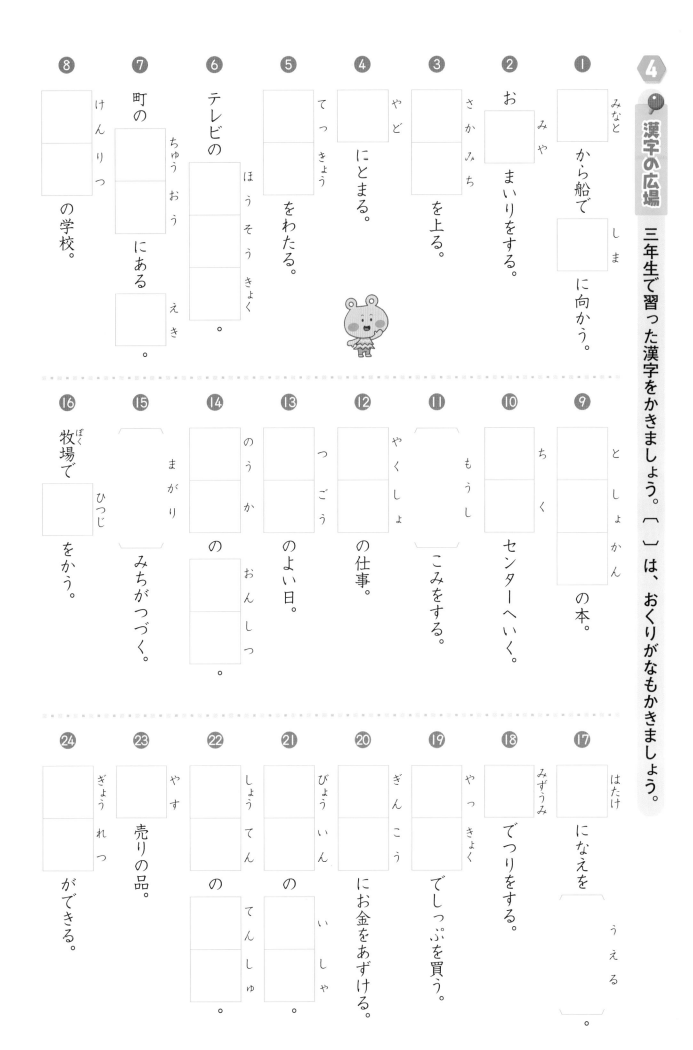

きほんのワーク

思いやりのデザイン／アップとルーズで伝える
お礼の気持ちを伝えよう／漢字の広場②

教科書 上53～70ページ

勉強した日　月　日

◆「読み方」の赤い字は教科書で使われている読みです。 はまちがえやすい漢字です。

思いやりのデザイン／アップとルーズで伝える

伝（53ページ）　伝　にんべん
（下を長く・とめる）
- 読み方：デン／つたわる・つたえる／つたう
- 使い方：伝記《でんき》・伝説《でんせつ》／正しく伝《つた》える
- 6画

案（54ページ）　案　き
（立てる・少し出す・はねる・長く・とめる・はらう）
- 読み方：アン／―
- 使い方：案内図《あんないず》・名案《めいあん》
- 10画

説（54ページ）　説　ごんべん
（あける・はねる）
- 読み方：セツ・（ゼイ）／とく
- 使い方：説明図《せつめいず》・伝説《でんせつ》／人の道を説《と》く
- 14画

試（56ページ）　試　ごんべん
（あける・わすれない・はねる）
- 読み方：シ／こころみる・（ためす）
- 使い方：試合《しあい》・試食《ししょく》・試練《しれん》／作成を試《こころ》みる
- 13画

選（56ページ）　選　しんにょう／しんにゅう
（あける・はねる・一画・下を長く）
- 読み方：セン／えらぶ
- 使い方：選手《せんしゅ》・入選《にゅうせん》／委員を選《えら》ぶ
- 15画

漢字の形に注意。

選

「己」の部分を「巳」と書かないようにしよう。「ㄱコ己」の順に三画で書くよ。

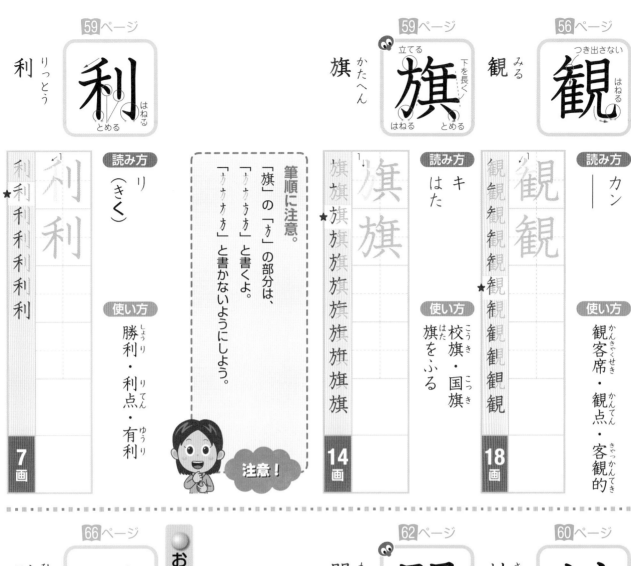

56ページ

観　みる

つき出さない　はねる

読み方

カン
―

使い方

観客席《かんきゃくせき》・観点《かんてん》・客観的《きゃっかんてき》

18画

59ページ

旗　かたへん

立てる　下を長く　はねる　とめる

読み方

キ
はた

使い方

校旗《こうき》・国旗《こっき》
旗《はた》をふる

14画

筆順に注意。
「旗」の「方」の部分は、「方方方方」と書くよ。
「方方方方」と書かないようにしよう。

注意！

59ページ

利　りっとう

はねる　とめる

読み方

リ
（きく）

使い方

勝利《しょうり》・利点《りてん》・有利《ゆうり》

7画

60ページ

材　きへん

少し出す　とめる　はねる

読み方

ザイ
―

使い方

取材《しゅざい》・材木《ざいもく》・題材《だいざい》

7画

62ページ

関　もんがまえ

はねる　とめる

読み方

カン
せき・かか**わる**

使い方

関係《かんけい》・関心《かんしん》
関所《せきしょ》・関《かか》わり合う

14画

同じ読み方で形のにている漢字。

関（カン）　例　関係・関門・関連《れん》

間（カン）　例　期間・時間・年間

注意！

66ページ

以　ひと

とめる　はらう

読み方

イ
―

使い方

以外《いがい》・以上《いじょう》・以前《いぜん》

5画

ものしりメモ

「以外」は、「（あるものをのぞいた）ほか」という意味だよ。同じ読み方をする「意外」は、「思っていたこととちがう様子」という意味だよ。使い分けに気をつけよう。

68ページ

季

こ
季

とめる　はらう　はねる

読み方
キ
―

使い方
季節《きせつ》・四季《しき》

8画

注意！

形のにている漢字。
季（キ）例 四季・冬《とう》季オリンピック
委（イ）例 委員・放送委員会

68ページ

節

たけかんむり
節

はねる

読み方
セツ・（セチ）
ふし

使い方
季節《きせつ》・節分《せつぶん》・調節《ちょうせつ》
節目《ふしめ》・木の節《ふし》

13画

でき方

漢字のでき方。
節　⺮…「竹」を表す。
即…「ひざをおり曲げる」ことを表す。
足が曲がるひざの部分のように、竹が一だんずつ区切れている、「ふし」の部分を表しているよ。

69ページ

郡

おおざと
郡

つき出す　つき出さない　はねる

読み方
グン
―

使い方
郡《ぐん》の名前・郡部《ぐんぶ》

10画

注意！

同じ読み方で形のにている漢字。
郡（グン）都道府県の一部分で、町村《そん》をふくむ区切り。例 郡部
群（グン）むれ。集まり。例 群集・魚群

読み方が新しい漢字

54ページ	56
明《メイ》	後《コウ》
説明図《せつめいず》	後半《こうはん》
69	69
市《シ》	村《ソン》
市区町村《しくちょうそん》	

特別《とくべつ》な読み方をする言葉

55
景色
けしき

ものしりメモ
住所に関係のある漢字をおぼえよう。「府」…京都府、「都」…東京都、「県」…秋田県、「市」…名古屋《なごや》市、「郡」…西多摩《にしたま》郡、などがあるね。

筆者の考えをとらえて、自分の考えを発表しよう／気持ちが伝わる手紙を書こう

練習のワーク

思いやりのデザイン／アップとルーズで伝える
お礼の気持ちを伝えよう／漢字の広場②

教科書 上53～70ページ
答え 2ページ

勉強した日　月　日

1 新しい漢字を読みましょう。

53ページ

1 多くの人に伝える。

2 校内の案内図。

3 説明図を作る。

4 景色が見える。

56ページ

5 試合の放送。

6 後半が始まる。

7 チームの選手たち。

8 まんいんの観客席。

9 おうえんの旗をふる。

10 勝利をよろこぶ。

11 取材したときの写真。

12 段《だん》落と段落の関係。

66ページ

13 学校以外の場所。

14 緑がまぶしい季節。

15 市区町村の名前。

16 郡のつく住所。

ここからはってん

✿17 伝記を読む。

✿18 先生の教えを説く。

✿19 せっとくを試みる。

✿20 係を選ぶ。

✿21 国旗をかかげる。

✿の漢字は新出漢字のべつの読み方です。

✽22 関所〔　　〕を通る。

✽23 他人と関〔　　〕わり合う。

✽24 節〔　　〕のある板。

2 あたらしい漢字をかきましょう。〔　〕は、送りがなもかきましょう。

1 53ページ 話を〔　　〕《つたえる》。

2 公園の□□□《あんないず》。

3 □□□《せつめいず》をみせる。

4 □□《けしき》のよいところ。

5 56ページ □□《しあい》に出場する。

6 一年の□□《こうはん》。

7 テニスの□□《せんしゅ》。

8 □□□《かんきゃくせき》にすわる。

9 風で□《はた》がゆれる。

10 □□《しょうり》をおさめる。

11 □□《しゅざい》を行う。

12 □□《かんけい》のない話。

13 66ページ 自分□□《いがい》の人。

14 □□《きせつ》がかわる。

15 □□□□《しくちょうそん》。

16 はがきに□《ぐん》の名前をかく。

✽17 ここからはってん 有名な生物学者の□□《でんき》。

✽18 ほとけの教えを□《と》く。

✽19 実験《けん》を□《こころ》みる。

✽20 洋服を□《えら》ぶ。

✽21 世界の□□《こっき》。

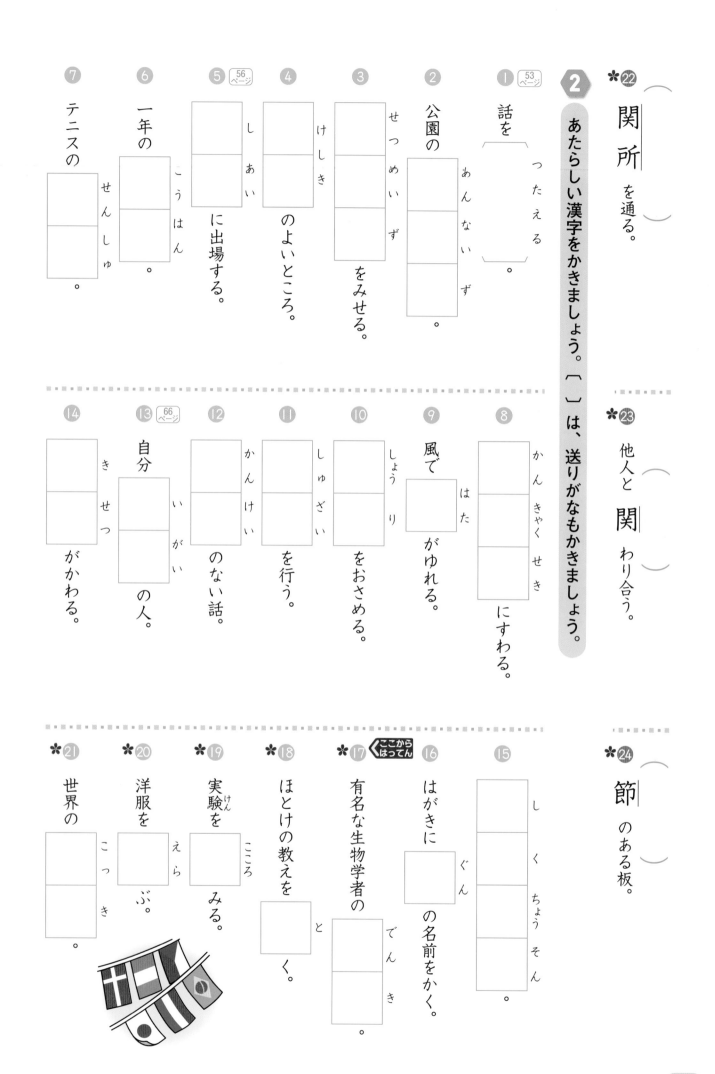

✿22 □□《せきしょ》をこえる。

✿23 □《かか》わりあいをもつ。

✿24 竹の□《ふし》を数える。

3 **漢字でかきましょう。（〜〜は、送りがなもかきましょう。太字は、この回で習った漢字を使った言葉です。）**

① かんどうしたきもちを**つたえる**。

② たてもののあん**ないず**をみる。

③ **せつめいず**のとおりにくみたてる。

④ **しあい**の**こうはん**にてんをとる。

⑤ やきゅう**せんしゅ**を**しゅざい**する。

⑥ **かんきゃくせき**では**た**をふる。

⑦ みかたのチームが**しょうり**する。

⑧ あいてとの**かんけい**がふかまる。

⑨ かぞく**いがい**にもそうだんする。

⑩ あたらしい**きせつ**がはじまる。

⑪ とうきょうとの**しくちょうそん**。

⑫ てがみのじゅうしょを**ぐん**からかく。

4 漢字の広場

三年生でならった漢字を書きましょう。〔　〕は、送りがなも書きましょう。

❶ 外は〔　　〕《あつい》。

❷ ピアノの□□《れんしゅう》。

❸ □《なみ》の音が聞こえる。

❹ □《いき》つぎをして〔　　〕《およぐ》。

❺ □□《たいよう》の光をあびる。

❻ □□《かそく》ででかける。

❼ □□《にもつ》を〔　　〕《もつ》。

❽ 車で□□《しゅっぱつ》する。

❾ 兄は足が〔　　〕《はやい》。

❿ □□《りょこう》の□□《よてい》。

⓫ □□《きゅうしゅう》の地図。

⓬ 夏〔　　〕《まつり》のかき□《ごおり》。

⓭ 的に□□《めいちゅう》する。

⓮ □□□《ゆうめいじん》の話。

⓯ □□《てっぱん》に□《あぶら》を引く。

⓰ 肉を□《すみ》でやく。

⓱ □□《びょうどう》に〔　　〕《くばる》。

⓲ 麦茶をグラスに〔　　〕《そそぐ》。

⓳ □□《ぜんぶ》食べる。

⓴ 食事を〔　　〕《あじわう》。

㉑ 夏の□□□□《じゆうけんきゅう》。

㉒ □《まめ》の□《ね》がのびる。

㉓ □□《おんど》を〔　　〕《しらべる》。

㉔ □□《みどりいろ》の□《は》。

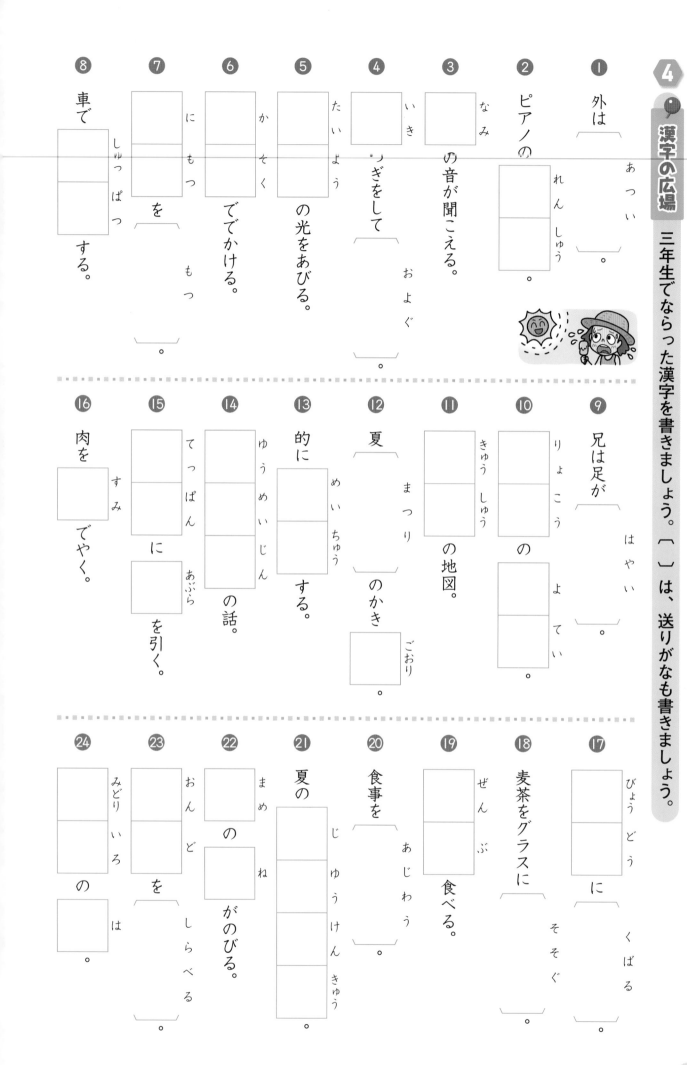

きほんのワーク

一つの花

教科書 上71〜84ページ

勉強した日　月　日

◆「読み方」の赤い字は教科書で使われている読みです。はまちがえやすい漢字です。

一つの花

71ページ　戦（ほこづくり・ほこがまえ）

わすれない　はねる　とめる

読み方　セン　（いくさ）・たたかう

使い方　戦争《せんそう》・開戦《かいせん》　相手と戦《たたか》う

13画

71ページ　争（はねぼう）

つき出す　はねる

読み方　ソウ　あらそう

使い方　戦争《せんそう》・争点《そうてん》　勝ちを争《あらそ》う

6画

部首に注意。

「戦」の部首は、「戈」（ほこづくり・ほこがまえ）。「戈」は、「やり」ににた、「ほこ」という、古《こ》代の武器《ぶき》の形をもとにしているよ。

注意！

72ページ　給（いとへん）

つける　はらう　はらう　とめる

読み方　キュウ　—

使い方　配給《はいきゅう》・給食《きゅうしょく》・給料《きゅうりょう》

12画

73ページ　飯（しょくへん）

とめる　はらう

読み方　ハン　めし

使い方　ご飯《はん》・夕飯《ゆうはん》　昼飯《ひるめし》・にぎり飯《めし》

12画

76ページ　包（つつみがまえ）

はねる　あける

読み方　ホウ　つつむ

使い方　包帯《ほうたい》・包丁《ほうちょう》　ぬのに包《つつ》む

5画

筆順 1 2 3 4 5　まちがえやすいところ…★

帯
76ページ

帯 はば はばへん

つき出さない　はねる

10画

帯帯帯帯帯帯帯帯帯帯

読み方

タイ

おびる・おび

使い方

包帯《ほうたい》・地帯《ちたい》

熱《ねつ》を帯《お》びる・着物の帯《おび》

泣
77ページ

泣 さんずい

立てる　下を長く

8画

泣泣泣泣泣泣泣泣

読み方

（キュウ）

なく

使い方

泣《な》き顔・泣《な》き声

同じ読み方の言葉。

「泣く」は、人がなくときに使うよ。犬や鳥、虫など、動物がなくときには、「鳴く」を使うので、使い分けに気をつけよう。

注意！

軍
77ページ

軍 くるま

はねる　長く

9画

軍軍軍軍軍軍軍軍軍

読み方

グン

—

使い方

軍歌《ぐんか》・軍隊《ぐんたい》・大軍《たいぐん》

兵
78ページ

兵 は

あける　長く　とめる

7画

兵兵兵兵兵兵兵

読み方

ヘイ・ヒョウ

—

使い方

兵隊《へいたい》・出兵《しゅっぺい》・兵庫《ひょうご》

隊
78ページ

隊 こざとへん

はらう　はねる

12画

隊隊隊隊隊隊隊隊隊隊隊隊

読み方

タイ

—

使い方

兵隊《へいたい》・隊長《たいちょう》・隊列《たいれつ》

輪
79ページ

輪 くるまへん

つける　つき出さない　はねる

15画

輪輪輪輪輪輪輪輪輪輪輪輪輪輪輪

読み方

リン

わ

使い方

一輪《いちりん》・車輪《しゃりん》・年輪《ねんりん》

指輪《ゆびわ》・輪投《わな》げ

読み方が新しい漢字

76ページ

頭《ズ》

防空頭巾《ぼうくうずきん》

ものしりメモ

「輪」の部首は、「車」(くるまへん)。同じ部首の漢字には他に、「軽」「転」などがあるよ。「(くるまのように)まるい」という意味に関係のある漢字につくことが多いよ。

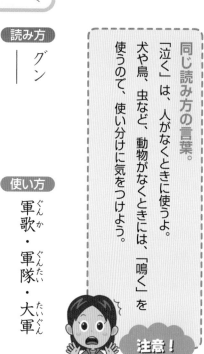

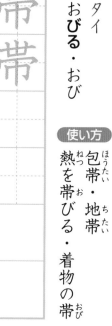

場面をくらべて読み、心にのこったことを伝え合おう

練習のワーク

一つの花

教科書 上 71～84ページ

答え 3ページ

勉強した日　月　日

1 新しい漢字を読みましょう。

1 （71ページ） はげしい戦争（　　）。

2 おいもが配給（　　）される。

3 ご飯（　　）をほしがる。

4 わた入れの防空《ぼう》頭巾《きん》（　　）。

5 包帯（　　）や薬。

6 泣（　　）き顔を見せない。

7 いさましい軍歌（　　）。

8 兵隊（　　）になる。

9 一輪（　　）のコスモス。

*10 （ここからはってん） てきと戦（　　）う。

*11 勝ち負けを争（　　）う。

*12 昼飯（　　）の時間。

*13 ふろしきで包（　　）む。

*14 帯（　　）をしめる。

*15 指輪（　　）をもらう。

2 新しい漢字を書きましょう。〔　〕は、送りがなも書きましょう。

1 （71ページ） □□《せんそう》が終わる。

2 お米の□□《はいきゅう》。

3 ご□《はん》を食べる。

✿の漢字は新出漢字のべつの読み方です。

④ 防《ぼう》空□《ず》巾《きん》をかぶる。

⑤ □□《ほうたい》をまく。

⑥ 子どもが［　　］《なく》。

⑦ □□《ぐんか》が聞こえる。

⑧ □□《へいたい》が行進する。

⑨ バラが□□《いちりん》さく。

✿⑩ ここからはってん 相手チームと□《たたか》う。

✿⑪ 二人が□《あらそ》う。

✿⑫ □□《ひるめし》を用意する。

✿⑬ プレゼントを□《つつ》む。

✿⑭ ゆかたの□《おび》。

✿⑮ □□《ゆびわ》が光る。

3 漢字で書きましょう。（〰は、送りがなも書きましょう。太字は、この回で習った漢字を使った言葉です。）

① **へいたい**が**せんそう**からもどる。

② あたたかい**ごはん**をたべる。

③ **ほうたい**をまいてちをとめる。

④ かなしいできごとがあって**なく**。

⑤ **ぐんか**がながれる。

⑥ にわに**いちりん**のはながさく。

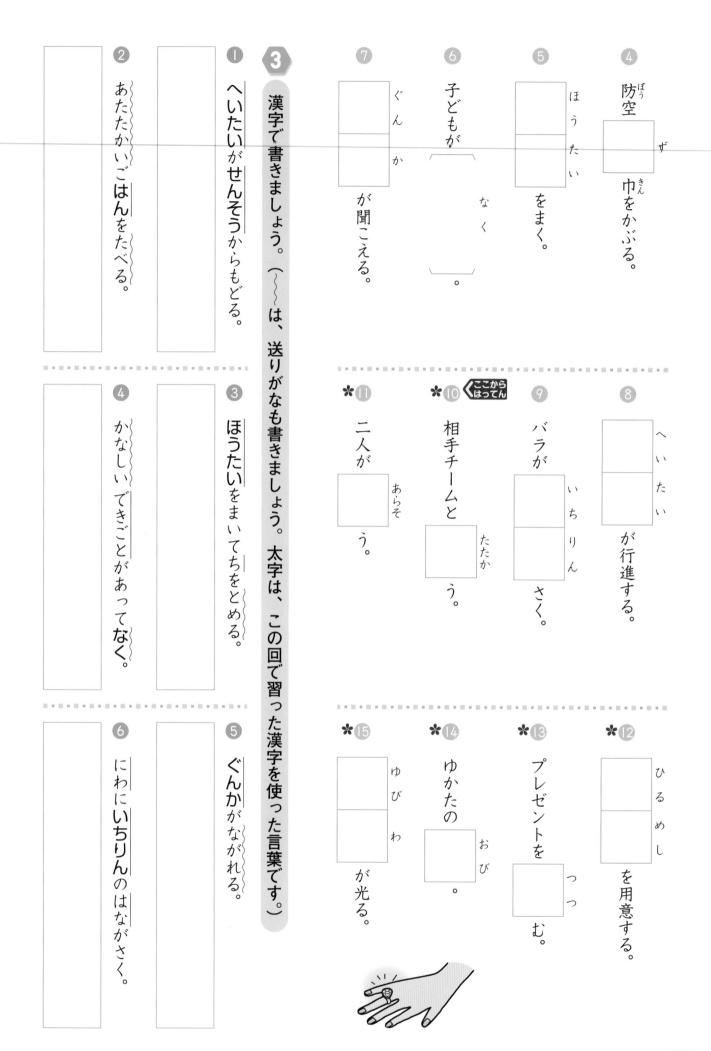

きほんのワーク

つなぎ言葉のはたらきを知ろう 短歌・俳句《はいく》に親しもう（二）／要約するとき

◆「読み方」の赤い字は教科書で使われている読みです。★はまちがえやすい漢字です。

教科書 上85～91ページ

勉強した日　月　日

つなぎ言葉のはたらきを知ろう

86ページ

健 にんべん

二画　つき出す　長くはらう

読み方　ケン　（すこやか）

使い方　健康《けんこう》・健全《けんぜん》

11画

同じ読み方で形のにている漢字。

健（ケン）　例 健康《こう》・健全・保健《ほ》室

建（ケン）　例 建国・建設《せつ》・建築《ちく》

86ページ

康 まだれ

立てる　はらう　はらう　はねる

読み方　コウ　—

使い方　健康《けんこう》・小康状態《しょうこうじょうたい》

11画

86ページ

夫 だい

下を長く　はらう

読み方　フ・フウ　おっと

使い方　夫人《ふじん》・工夫《くふう》　夫《おっと》と出かける

4画

漢字のでき方。

夫　大人になった印のかんむりをつけた人のすがたからできた漢字だよ。「一人前になった男の人・けっこんした男の人」を表しているよ。

86ページ

氏 うじ

長く　はねる

読み方　シ　（うじ）

使い方　坂口氏《さかぐちし》・氏族《しぞく》・氏名《しめい》

4画

86ページ

祝 しめすへん

祝

あける　はねる　とめる

読み方
シュク・（シュウ）
いわう

使い方
祝日《しゅくじつ》・祝福《しゅくふく》
入学を祝《いわ》う

9画

漢字のでき方。

祝
ネ…「神」を表す。
兄…「ひざまずく人」を表す。
ひざまずいて神にいのる人のすがたから、「いわう・いのる」という意味を表すよ。

でき方

86ページ

貨 かい

貨

はねる　はらう　とめる

読み方
カ
―

使い方
百貨店《ひゃっかてん》・貨物《かもつ》・金貨《きんか》

11画

87ページ

児 にんにょう ひとあし

児

はねる　あける

読み方
ジ・（ニ）
―

使い方
児童館《じどうかん》・育児《いくじ》・園児《えんじ》

7画

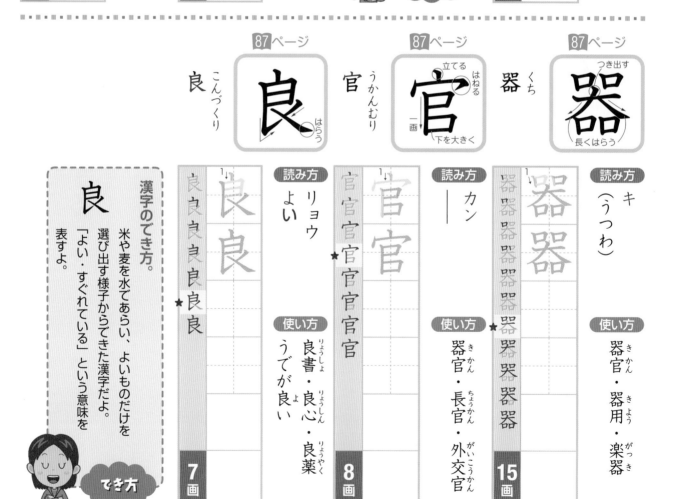

87ページ

器 くち

器

つき出す　長くはらう

読み方
キ
（うつわ）

使い方
器官《きかん》・器用《きよう》・楽器《がっき》

15画

87ページ

官 うかんむり

官

立てる　はねる　一画　下を大きく

読み方
カン
―

使い方
器官《きかん》・長官《ちょうかん》・外交官《がいこうかん》

8画

87ページ

良 こんづくり

良

はらう

読み方
リョウ
よい

使い方
良書《りょうしょ》・良心《りょうしん》・良薬《りょうやく》
うでが良《よ》い

7画

漢字のでき方。

良
米や麦を水であらい、よいものだけを選び出す様子からできた漢字だよ。「よい・すぐれている」という意味を表すよ。

でき方

87ページ

徒

徒　ぎょうにんべん

下を長く　はらう

読み方
ト
―

使い方
徒競走《ときょうそう》・徒歩《とほ》・生徒《せいと》

10画

87ページ

競

競　たつ

立てる　はねる

読み方
キョウ・ケイ
（きそう）（せる）

使い方
徒競走《ときょうそう》・競泳《きょうえい》・競争《きょうそう》
草競馬《くさけいば》

20画

短歌・俳句《はいく》に親しもう（一）

でき方

漢字のでき方。

競

二人の人が言い争う様子からできた漢字だよ。
「争う・きそう」という意味を表すよ。

88ページ

芽

芽　くさかんむり

つき出さない　下を長く　はねる

読み方
ガ
め

使い方
発芽《はつが》
芽《め》を出す・芽《め》生《ば》え

8画

89ページ

梅

梅　きへん

とめる　一画　はねる

読み方
バイ
うめ

使い方
梅園《ばいえん》・白梅《はくばい》
梅《うめ》の実

10画

注意！

漢字の形に注意。

梅

「毋」の部分を「母」と書かないようにしよう。

要約するとき

90ページ

約

約　いとへん

はらう　とめる　はねる

読み方
ヤク
―

使い方
要約《ようやく》・節約《せつやく》・予約《よやく》

9画

読み方が新しい漢字

87ページ
台《タイ》
台風《たいふう》

特別《とくべつ》な読み方をする言葉

87	
昨日	きのう
88	
奈良	なら

ものしりメモ
「貨」は、「品物・お金」という意味を表すよ。品物をのせる船を「貨物船」、各《かっ》国で使用されているお金を「通貨」というよ。

練習のワーク

つなぎ言葉のはたらきを知ろう
短歌・俳句《はいく》に親しもう（二）／要約するとき

教科書 ㊤85～91ページ

答え 3ページ

勉強した日　月　日

1 新しい漢字を読みましょう。

① 85ページ 健康を大切にする。

② 夫と買い物に行く。

③ 坂口《さかぐち》氏は科学者だ。

④ 今度の祝日。

⑤ 百貨店に行く。

⑥ 台風が来る。

⑦ 児童館で遊ぶ。

⑧ 昨日本で調べた。

⑨ 消化器官の仕組み。

⑩ うでの良い大工。

⑪ 徒競走で一等になる。

⑫ 88ページ わらびが芽を出す。

⑬ 昔の都だった奈良。

⑭ 梅の花が一輪さく。

⑮ 90ページ 話を要約する。

✿⑯ ここからはってん 勝利を祝う。

✿⑰ 良薬を飲む。

✿⑱ たねが発芽する。

2 新しい漢字を書きましょう。〔　〕は、送りがなも書きましょう。

✿の漢字は新出漢字のべつの読み方です。

❶ 85ページ
□□《けんこう》になる。

❷ □《おっと》が家に帰る。

❸ 坂口《さかぐち》□《し》に会う。

❹ 五月の□□《しゅくじつ》。

❺ □□□《ひゃっかてん》の売り場。

❻ □□《たいふう》にそなえる。

❼ 町の□□□《じどうかん》。

❽ □□《きのう》は遠足だった。

❾ 体の□□《きかん》のはたらき。

❿ 〔　　〕《よい》天気になる。

⓫ □□□《ときょうそう》に出る。

⓬ 88ページ
草の□《め》が出る。

⓭ 90ページ
□□《なら》にある寺。

⓮ □《うめ》の実がなる。

⓯ 文章を□□《ようやく》する。

✿⓰ ここからはってん
たんじょうびを□《いわ》う。

3 漢字で書きましょう。（〰〰は、送りがなも書きましょう。太字は、この回で習った漢字を使った言葉です。）

❶ おっとのけんこうのしんぱいをする。

❷ ひゃっかてんでよいしなをかう。

❸ じどうかんのまえのうめのき。

きほんのワーク

新聞を作ろう カンジーはかせの都道府県の旅2

教科書 上92〜101ページ

勉強した日 月 日

◆「読み方」の赤い字は教科書で使われている読みです。 はまちがえやすい漢字です。

新聞を作ろう／カンジーはかせの都道府県の旅2

95ページ

付 にんべん

わすれない はねる

読み方
フ
つける・つく

使い方
付近《ふきん》・付録《ふろく》
わり付《つ》け・へばり付《つ》く

5画

同じ読み方の漢字。
付《つ》く…物と物がくっつく。例 顔にどろが付く。味が付く。
着《つ》く…場所に行きつく。例 学校に着く。駅に着く。

注意！

97ページ

清 さんずい

一番長く はねる とめる

読み方
セイ・(ショウ)
きよい・きよまる
きよめる

使い方
清書《せいしょ》・清流《せいりゅう》
清《きよ》い水・心が清《きよ》まる

11画

100ページ

滋 さんずい

とめる

読み方
(ジ)
―

使い方
滋賀《しが》

12画

100ページ

阪 こざとへん

はねる はらう

読み方
(ハン)
―

使い方
大阪《おおさか》

7画

形のにている漢字。
阪 坂 板
へんの形をよく見ておぼえよう。

注意！

101ページ

徳

徳 ぎょうにんべん

徳（はねる）

読み方
トク
―

使い方
徳島《とくしま》・人徳《じんとく》・道徳《どうとく》

14画

漢字の形に注意。

徳 「罒」の部分を「四」と書かないようにしよう。

101ページ

香

香 かおり

香（はらう・はらう・はらう）

読み方
（コウ）（キョウ）
か
かおり・かおる

使い方
香川《かがわ》
花の香《かお》り・梅が香《かお》る

9画

101ページ

媛

媛 おんなへん

媛（はらう・横画二画）

読み方
（エン）
―

使い方
愛媛《えひめ》

12画

101ページ

佐

佐 にんべん

佐（はらう・少し長く）

読み方
サ
―

使い方
佐賀《さが》・補佐《ほさ》

7画

漢字のでき方。

佐 左…「左手」を表す。
亻…「人」を表す。

人と、右手を助ける左手から、「助ける」という意味を表すよ。

101ページ

賀

賀 かい

賀（はねる・とめる）

読み方
ガ
―

使い方
佐賀《さが》・滋賀《しが》・年賀《ねんが》

12画

漢字のでき方。

賀 加…「重ねくわえる」ことを表す。
貝…「お金」を表す。

お金やたからをつみ重ねて、「祝う」という意味を表すよ。

ものしりメモ

「清」の「青」の部分は、「すみきった」という意味と「セイ」という音読みを表すよ。「青」の部分をもち、「セイ」と読む漢字には他に、「晴」などもあるね。

崎
101ページ

崎　やまへん

崎（つき出す・はねる）

読み方
さき

使い方
長崎《ながさき》・宮崎《みやざき》

11画

漢字の意味。
「崎」は、「陸《りく》地が海や湖につき出たところ」を表すよ。
「…崎」のように、地名によく使われるね。

熊
101ページ

熊　れんが　れっか

熊（はねる・点の向き）

読み方
くま

使い方
熊本《くまもと》・熊手《くまで》
大きな熊《くま》

14画

鹿
101ページ

鹿　しか

鹿（あける・はねる）

読み方
しか・か

使い方
鹿《しか》のつの・鹿児島《かごしま》

11画

沖
101ページ

沖　さんずい

沖（つき出す）

読み方
（チュウ）
おき

使い方
沖縄《おきなわ》・沖合《おきあい》
船が沖《おき》に出る

7画

縄
101ページ

縄　いとへん

縄（つき出さない・はねる）

読み方
（ジョウ）
なわ

使い方
沖縄《おきなわ》・縄《なわ》とび
縄《なわ》でしばる

15画

読み方が新しい漢字

ページ	漢字	言葉
92ページ	夫《フ》	工夫《くふう》
98	答《トウ》	回答《かいとう》

特別《とくべつ》な読み方をする言葉

ページ	言葉	読み方
100	滋賀	しが
100	大阪	おおさか
100	鳥取	とっとり
101	愛媛	えひめ
101	大分	おおいた
101	鹿児島	かごしま

ものしりメモ
「熊本県」のように、動物を表す漢字が入った都道府県名には他に、「群馬県」「鳥取県」「鹿児島県」があるよ。

練習のワーク

新聞を作ろう
カンジーはかせの都道府県の旅2

教科書 上92～101ページ
答え 3ページ

勉強した日　月　日

1 新しい漢字を読みましょう。

1 (92ページ) 見せ方を工夫（　）する。
2 わり（　）付け（　）を決める。
3 記事を清書（　）する。
4 アンケートの回答（　）。
5 (100ページ) 滋賀（　）県。
6 大阪（　）府。
7 鳥取（　）県。
8 徳島（　）県。
9 香川（　）県。
10 愛媛（　）県。
11 佐賀（　）県。
12 長崎（　）県。
13 熊本（　）県。
14 大分（　）県。

15 鹿児島（　）県。
16 沖縄（　）県。
✿17 ここからはってん 家の（　）付近（　）を歩く。
✿18 清（　）い心をもつ。
✿19 花の（　）香（　）りをかぐ。
✿20 森に（　）鹿（　）がいる。

✿の漢字は新出漢字のべつの読み方です。

2 新しい漢字をかきましょう。〔　〕は、送りがなもかきましょう。

1 92ページ □□《くふう》して使う。

2 新聞のわり〔　　〕《つけ》。

3 作文を□□《せいしょ》する。

4 質《しっ》問に□□《かいとう》する。

5 100ページ □□《しが》県。

6 □□《おおさか》府。

7 □□《とっとり》県。

8 □□《とくしま》県。

9 □□《かがわ》県。

10 □□《えひめ》県。

11 □□《さが》県。

12 □□《ながさき》県。

13 □□《くまもと》県。

14 □□《おおいた》県。

15 □□□《かごしま》県。

16 □□《おきなわ》県。

ここからはってん

✿17 駅の□□《ふきん》の様子。

✿18 □《きよ》い水の流れ。

✿19 あまい□《かお》りがする。

✿20 たび先で□《しか》を見る。

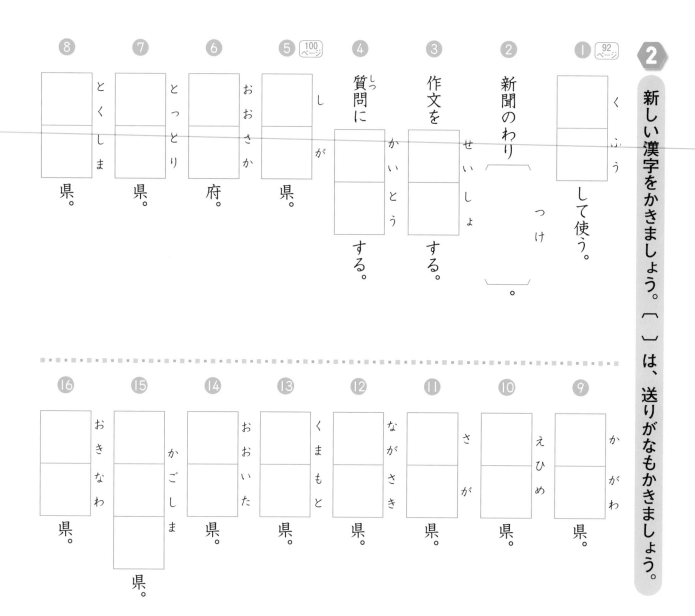

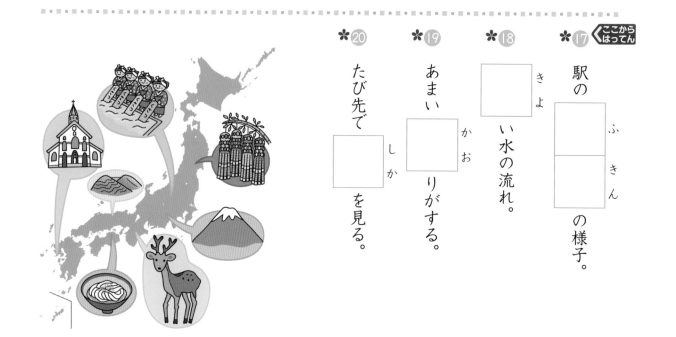

3 漢字でかきましょう。（〰は、送りがなもかきましょう。太字は、このかいで習った漢字を使ったことばです。）

① ことばを**くふう**してつたえる。

② いえのはしらにしるしを**つける**。

③ もうひつで**せいしょ**する。

④ あいてからの**かいとう**をまつ。

⑤ **しがけん**にあるひろい　みずうみ。

⑥ **おおさか**をはしる　でんしゃ。

⑦ **とっとり**でゆうめいなかんこうち。

⑧ **とくしまけん**と**えひめけん**はちかい。

⑨ **かがわ**　めいぶつのうどんをたべる。

⑩ **さがけん**でうつくしい　えざらをかう。

⑪ **ながさきけん**のきょうかいのやね。

⑫ **くまもと**しないにあるおしろ。

⑬ **おおいたけん**のりょかんにとまる。

⑭ **かごしま**のくうこうへむかう。

⑮ **おきなわ**のうみでおよぐ。

きほんのワーク

本のポップや帯を作ろう
神様の階段《だん》

教科書 上 104～115ページ

勉強した日　月　日

本のポップや帯を作ろう／神様の階段

◆「読み方」の赤い字は教科書で使われている読みです。はまちがえやすい漢字です。

熱（108ページ）
熱　れんが　れっか

わすれない　はねる　点の向き

読み方：ネツ　あつい

使い方：熱帯《ねったい》・熱心《ねっしん》・発熱《はつねつ》　熱《あつ》いなべ

15画

働（112ページ）
働　にんべん

はねる

読み方：ドウ　はたらく

使い方：実働《じつどう》・労働《ろうどう》　店で働《はたら》く・働《はたら》き手

13画

栄（113ページ）
栄　き

はねる　とめる　とめる　はらう

読み方：エイ　さかえる　（はえ）（はえる）

使い方：栄養《えいよう》・光栄《こうえい》　国が栄《さか》える

9画

養（113ページ）
養　しょく

一番長く　はらう

読み方：ヨウ　やしなう

使い方：栄養《えいよう》・養分《ようぶん》・静養《せいよう》　体力を養《やしな》う

15画

満（114ページ）
満　さんずい

上を長く　とめる　はねる

読み方：マン　みちる・みたす

使い方：満足《まんぞく》・満点《まんてん》　満《み》ち足りる・心を満《み》たす

12画

読み方が新しい漢字

111	111ページ
冬《トウ》	秋《シュウ》
春夏秋冬《しゅんかしゅうとう》	

特別《とくべつ》な読み方をする言葉

110
手伝う
てつだう

筆順 1 2 3 4 5　まちがえやすいところ…★

練習のワーク

本のポップや帯を作ろう
神様の階段《だん》

教科書 ㊤104～115ページ
答え 3ページ

勉強した日　月　日

1 新しい漢字を読みましょう。

① 108ページ 〔　〕熱帯 の島。

② 作業を 〔　〕手伝う。〔　う〕

③ 〔　〕春夏秋冬 の四季。

④ 〔　〕働 くよろこび。

⑤ 〔　〕栄養 たっぷりの土。

⑥ 〔　〕満 ち足りた気持ち。

✿⑦ ここからはってん 〔　〕熱 い湯に入る。

✿⑧ 町が 〔　〕栄 える。

✿⑨ 百点 〔　〕満点 の出来ばえだ。

2 新しい漢字を書きましょう。〔　〕は、送りがなも書きましょう。

① 108ページ □□《ねったい》 地方の植物。

② そうじを 〔　　〕《てつだう》。

③ □□□□《しゅんかしゅうとう》。

④ 店で 〔　　〕《はたらく》。

⑤ □□《えいよう》 をとる。

⑥ 月が 〔　　〕《みちる》。

✿⑦ ここからはってん □《あつ》 いスープ。

✿⑧ 文明が □《さか》 える。

✿⑨ テストで □□《まんてん》 を取る。

✿の漢字は新出漢字のべつの読み方です。

夏休みまとめのテスト①

教科書 上21～115ページ

答え 4ページ

時間 20分

とく点 /100点

勉強した日 月 日

1 ――線の漢字のよみ方をかきましょう。 一つ2（28てん）

① 信号（　　）の横にある建物（　　）。

② 菜（　　）の花畑からちょうが飛（　　）び出す。

③ 部首（　　）をおぼえることを目標（　　）にする。

④ 漢字の画数（　　）を辞典（　　）でたしかめる。

⑤ お社（　　）のある森でサルの群（　　）れを見た。

⑥ 七夕（　　）祭りを題材にした絵画（　　）。

⑦ 都道府県（　　）ごとの人口（　　）を調べる。

2 □は漢字を、〔　〕は漢字と送りがなをかきましょう。 一つ2（28てん）

① □□《そくたつ》を出す。

② □□□□《うんてんせき》。

③ □《れい》をしめす。

④ 植物の□□《ぶんるい》。

⑤ 学校の□□《ししょ》。

⑥ 昔の□□《きろく》。

⑦ 漢字の□□《おんくん》。

⑧ 〔　　〕《しずか》な朝。

⑨ □□□《あいどくしょ》。

⑩ □□《さくや》の話。

⑪ □《しろ》をきずく。

⑫ □□《しょか》の緑。

⑬ 田園の□□《ふうけい》。

⑭ 野菜の生産《さん》□《りょう》。

3 ――線の言葉を、漢字と送りがなでかきましょう。 一つ2(10てん)

① コップに水をみたす。
② 正しいことをつたえる。
③ かならずむかえに行く。
④ えんぴつをもちいる。
⑤ 家族をやしなう。

4 次の漢字の使い方で、正しいほうに○をつけましょう。 一つ2(6てん)

① 走ることには{ア( )自身 イ( )自信}がある。
② 大雨で交通{ア( )機関 イ( )器官}がみだれる。
③ 野球に{ア( )関心 イ( )感心}がある。

5 次の漢字の部分には、それぞれ同じ部首が付きます。□にその部首をかきましょう。 一つ2(12てん)

① 立 青 去 …□
② 黽 合 勺 …□
③ 洛 次 牙 …□
④ 占 埶 能 …□
⑤ 東 幸 軍 …□
⑥ 川 式 兑 …□

6 □にあてはまる漢字を[ ]から選んでかき、漢字二字の言葉を作りましょう。 一つ2(8てん)

① □薬
② 作□
③ 目□
④ □隊

[軍 富 的 氏 成 良]

7 次の漢字の総《そう》画数を、( )に数字でかきましょう。 一つ2(8てん)

① 阪( )画
② 柄( )画
③ 選( )画
④ 印( )画

夏休みまとめのテスト②

教科書 上21～115ページ
答え 4ページ
時間 20分

とく点 /100点
勉強した日 月 日

1 ――線の漢字の読み方を書きましょう。 一つ2（28点）

① 試合（　）の様子を取材（　）する。

② 関係（　）のある人以外（　）は入室できない。

③ 季節（　）外れにさく一輪（　）の花。

④ 戦争（　）に行く兵隊（　）を見送る。

⑤ 台風（　）で梅（　）のえだがおれる。

⑥ 記事のわり付（　）けを工夫（　）する。

⑦ 農園で働（　）く人を手伝（　）う。

2 □に漢字を書きましょう。 一つ2（28点）

① □□□《あんないず》。

② □□□《かんきゃくせき》。

③ □《はた》をふる。

④ □□《しょうり》をいわう。

⑤ しおの□□《はいきゅう》。

⑥ ご□《はん》をよそう。

⑦ 白い□□《ほうたい》。

⑧ □□《けんこう》になる。

⑨ □《おっと》とつま。

⑩ 八月の□□《しゅくじつ》。

⑪ □□□《ひゃっかてん》。

⑫ □□□《じどうかん》。

⑬ □□□《ときょうそう》。

⑭ □□《えいよう》がある。

3 ——線の同じ読み方をする言葉を、漢字と送りがなで書きましょう。　一つ2（12点）

① 1 あつい（線）みそしるを飲む。
　 2 あつい（線）夏と寒い冬。

② 1 九月のはじめ（線）。
　 2 物事のはじめ（線）。

③ 1 家をたてる（線）。
　 2 ぼうをたてる（線）。

4 形がにていて同じ音読みをする漢字を、□に書きましょう。　一つ2（8点）

① □《せい》流の魚。――かい□《せい》の空が広がる。

② 魚の大□《ぐん》。――□《ぐん》部に住む。

5 □にあてはまる漢字を書き、都道府県名を完《かん》成させましょう。　一つ2（16点）

① □□《さいたま》県　② □□《にいがた》県

③ □□《とやま》県　④ □□《やまなし》県

⑤ □□《とくしま》県　⑥ □□《かがわ》県

⑦ □□《さが》県　⑧ □□《ながさき》県

6 漢字二字の言葉が三つずつできるように、□にあてはまる漢字を書きましょう。　一つ2（4点）

① □ → 調　路　番

② 主　必　重 → □

7 次の漢字の筆じゅんで、正しいほうに○をつけましょう。　一つ2（4点）

① 必
ア（　）丶 ⺗ 心 心 必
イ（　）丶 ソ 义 必 必

② 飛
ア（　）乁 乁 乁 飞 飞 飞 飛 飛 飛
イ（　）乁 乁 乁 飞 飞 飞 飛 飛 飛

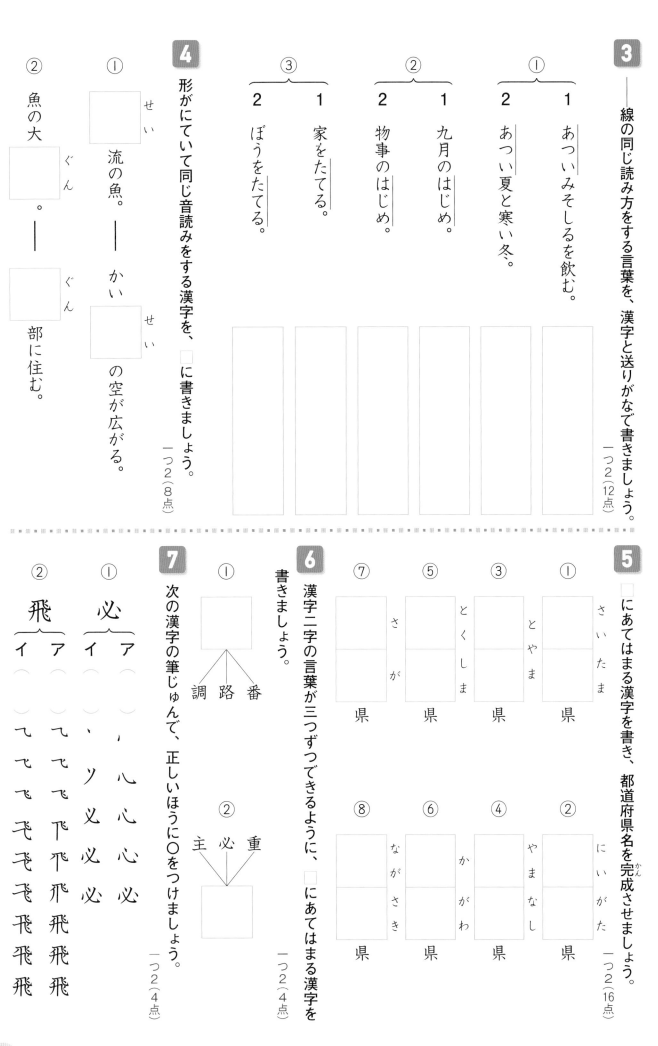

きほんのワーク

ぼくは川／あなたなら、どう言う パンフレットを読もう／どう直したらいいかな

教科書 上 118～127ページ

勉強した日　月　日

ぼくは川／あなたなら、どう言う～どう直したらいいかな

◆「読み方」の赤い字は教科書で使われている読みです。●はまちがえやすい漢字です。

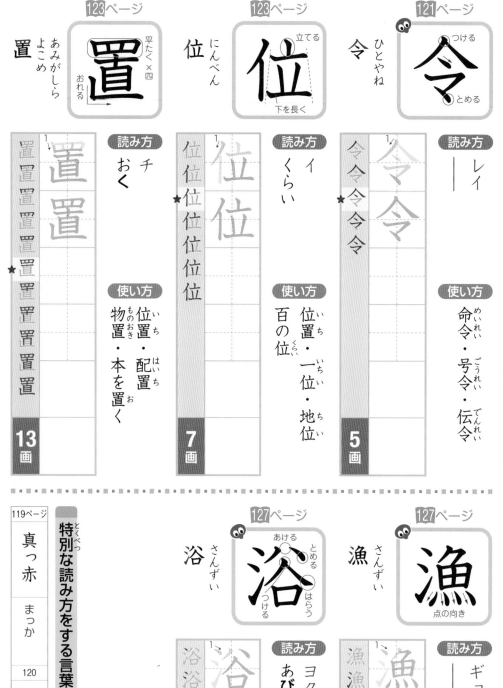

令（121ページ）
令　ひとやね　（つける・とめる）

読み方：レイ　―

使い方：命令《めいれい》・号令《ごうれい》・伝令《でんれい》

5画

位（123ページ）
位　にんべん　（立てる・下を長く）

読み方：イ　くらい

使い方：位置《いち》・一位《いちい》・地位《ちい》　百の位《くらい》

7画

置（123ページ）
置　あみがしら　よこめ　（平たく ×四・おれる）

読み方：チ　おく

使い方：位置《いち》・配置《はいち》　物置《ものおき》・本を置《お》く

13画

漁（127ページ）
漁　さんずい　（点の向き）

読み方：ギョ・リョウ　―

使い方：漁業《ぎょぎょう》・漁港《ぎょこう》　漁師《りょうし》・漁《りょう》に出る

14画

浴（127ページ）
浴　さんずい　（あける・とめる・はらう・つける）

読み方：ヨク　あびる・あびせる

使い方：海水浴場《かいすいよくじょう》・入浴《にゅうよく》　日光を浴《あ》びる

10画

特別《とくべつ》な読み方をする言葉

119ページ	
真っ赤	まっか
120	
お姉さん	おねえさん

筆順 1 2 3 4 5　まちがえやすいところ…★

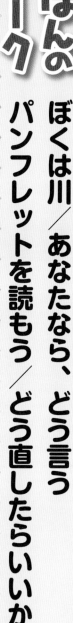

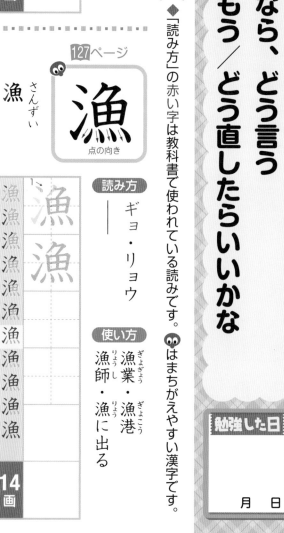

練習のワーク

ぼくは川／あなたなら、どう言う／パンフレットを読もう／どう直したらいいかな

教科書 上 118～127ページ

答え 5ページ

勉強した日　月　日

1 新しい漢字を読みましょう。

1 (118ページ) 真っ赤（　っ　）な実。

2 (120ページ) お姉さん（　さん）になる。

3 命令（　　）されて動く。

4 (122ページ) 文字の位置（　　）。

5 (126ページ) 漁業（　　）がさかんな所。

6 有名な海水浴場（　　）。

✿7 ここからはってん かばんを置（　　）く。

✿8 海へ漁（　　）に出る。

✿9 日ざしを浴（　　）びる。

2 新しい漢字を書きましょう。〔　〕は、送りがなも書きましょう。

1 (118ページ) 〔　　〕《まっか》な顔。

2 (120ページ) わたしのお〔　　〕《ねえさん》。

3 □□《めいれい》を聞く。

4 (122ページ) 家具の□□《いち》を直す。

5 (126ページ) □□《ぎょぎょう》をいとなむ。

6 □□□□《かいすいよくじょう》。

✿7 ここからはってん 荷物を□《お》く。

✿8 船で□《りょう》をする。

✿9 シャワーを□《あ》びる。

✿の漢字は新出漢字のべつの読み方です。

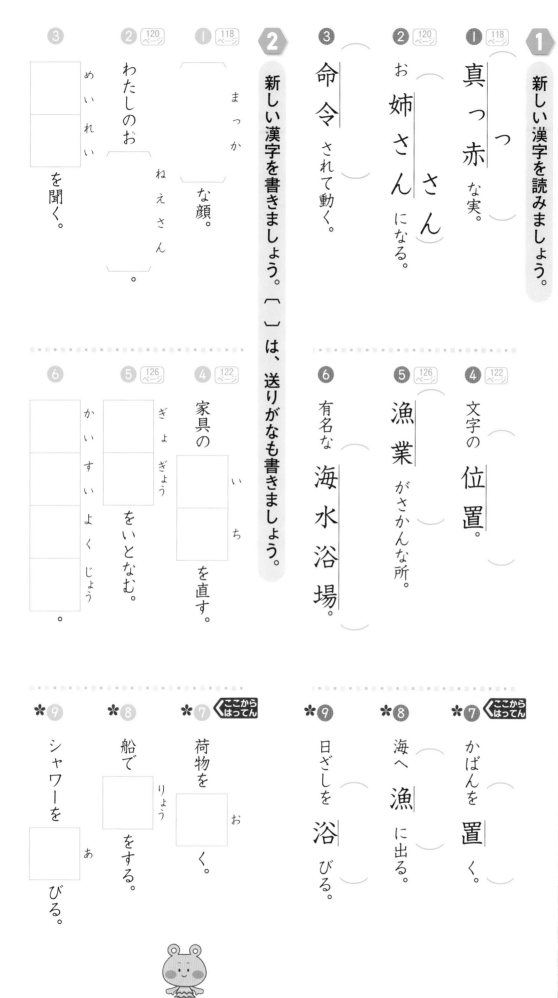

きほんのワーク

いろいろな意味をもつ言葉／ローマ字を使いこなそう／漢字の広場③

◆「読み方」の赤い字は教科書で使われている読みです。●はまちがえやすい漢字です。

教科書 上128～132ページ

勉強した日　月　日

いろいろな意味をもつ言葉

129ページ
欠　欠《あくび》
（はねる・はらう）
読み方：ケツ　かける・かく
使い方：出欠《しゅっけつ》・欠席《けっせき》　皿が欠《か》ける
4画

129ページ
卒　卒《じゅう》
（立てる・長く・つき出す）
読み方：ソツ　―
使い方：卒業式《そつぎょうしき》
8画

漢字の形に注意。
卒　八画目のたてぼうを、少しだけ上につき出して書くことに気をつけよう。

129ページ
単　単《つかんむり》
（長く・とめる）
読み方：タン　―
使い方：単行本《たんこうぼん》・単位《たんい》・単調《たんちょう》
9画

129ページ
結　結《いとへん》
（上を長く・はらう・とめる）
読み方：ケツ　むすぶ　（ゆう）（ゆわえる）
使い方：結果《けっか》・結局《けっきょく》・完結《かんけつ》　結《むす》び付く
12画

129ページ
果　果《き》
（下まで一画・はらう・とめる）
読み方：カ　はたす・はてる　はて
使い方：結果《けっか》・果実《かじつ》　目的を果《は》たす
8画

筆順 1 2 3 4 5　まちがえやすいところ…★

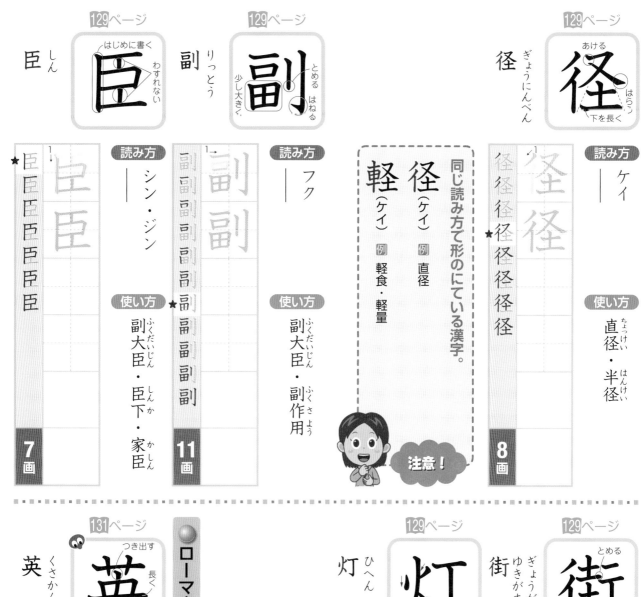

129ページ

径

径 ぎょうにんべん

あける　はらう　下を長く

8画

読み方
ケイ

使い方
直径《ちょっけい》・半径《はんけい》

同じ読み方で形のにている漢字。
径（ケイ）例 直径
軽（ケイ）例 軽食・軽量

129ページ

副

副 りっとう

少し大きく　とめる　はねる

11画

読み方
フク

使い方
副大臣《ふくだいじん》・副作用《ふくさよう》

129ページ

臣

臣 しん

はじめに書く　わすれない

7画

読み方
シン・ジン

使い方
副大臣《ふくだいじん》・臣下《しんか》・家臣《かしん》

129ページ

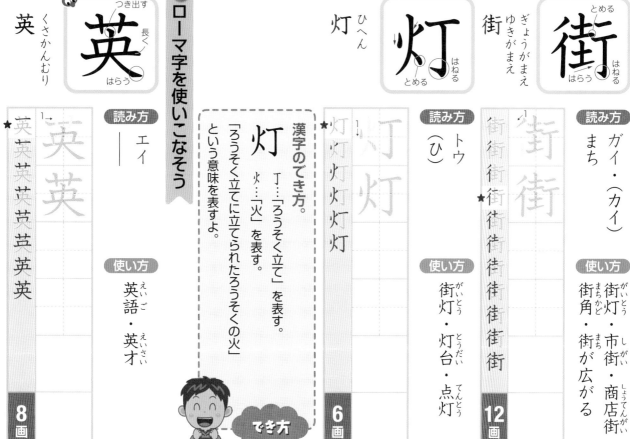

街

街 ぎょうがまえ　ゆきがまえ

とめる　はらう　はねる

12画

読み方
ガイ・（カイ）
まち

使い方
街灯《がいとう》・市街《しがい》・商店街《しょうてんがい》
街角《まちかど》・街《まち》が広がる

129ページ

灯

灯 ひへん

とめる　はねる

6画

読み方
トウ
（ひ）

使い方
街灯《がいとう》・灯台《とうだい》・点灯《てんとう》

漢字のでき方。
灯　丁…「ろうそく立て」を表す。
火…「火」を表す。
「ろうそく立てに立てられたろうそくの火」という意味を表すよ。

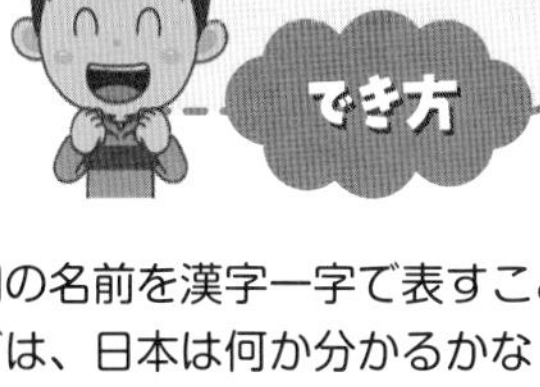

ローマ字を使いこなそう

131ページ

英

英 くさかんむり

つき出す　長く　はらう

8画

読み方
エイ

使い方
英語《えいご》・英才《えいさい》

ものしりメモ　国の名前を漢字一字で表すことがあるよ。「英」はイギリス、「米《べい》」はアメリカのことだよ。では、日本は何か分かるかな？　答えは、「日」だよ。

131ページ

参 む

参
とめる
はらう
一番長く

読み方
サン
まい**る**

使い方
参考《さんこう》・参加《さんか》
お宮参《まい》り

8画

130ページ

唱 くちへん

唱
小さく
下を大きく

読み方
ショウ
とな**える**

使い方
合唱《がっしょう》・暗唱《あんしょう》
じゅもんを唱《とな》える

11画

130ページ

塩 つちへん

塩
大きく

読み方
エン
しお

使い方
塩分《えんぶん》・食塩《しょくえん》
塩気《しおけ》・塩水《しおみず》・塩《しお》をふる

13画

漢字の形に注意。

塩

「土」の部分を「扌」と書かないようにしよう。
「皿」の横ぼうは左右《さゆう》が出るよ。

130ページ

治 さんずい

治
とめる

読み方
ジ・チ
おさ**める**・おさ**まる**
なお**る**・なお**す**

使い方
政治《せいじ》・治水《ちすい》・自治会《じちかい》
世を治《おさ》める・けがが治《なお》る

8画

同じ読み方の漢字。

治《なお》す…健康なじょうたいにする。
例 病気を治す。きずを治す。
直《なお》す…正しくする。修正《しゅうせい》する。
例 まちがいを直す。くせを直す。

130ページ

刷 りっとう

刷
はらう
とめる
はねる

読み方
サツ
する

使い方
印刷《いんさつ》・刷新《さっしん》
はん画を刷《す》る

8画

読み方が新しい漢字

131ページ
考《コウ》
参考《さんこう》

ものしりメモ
「刷」の部首の「刂」(りっとう)は、「刀」を表すよ。「刷」は、「刀でよごれをけずり取る」ことを表し、「きれいにする・こする・すり出す」などの意味を表すようになったんだ。

練習のワーク

いろいろな意味をもつ言葉
ローマ字を使いこなそう／漢字の広場③

教科書 上128〜132ページ

答え 5ページ

勉強した日　月　日

1 新しい漢字を読みましょう。

128ページ

① 出欠をとる。

② 卒業式を行う。

③ 単行本が出る。

④ 結果を出す。

⑤ 直径をはかる。

⑥ 副大臣になる。

⑦ 街灯の光。

130ページ

⑧ 英語の発音。

⑨ 他の意見を参考にする。

⑩ みんなで合唱する。

⑪ 塩気が足りない。

⑫ 治水工事をする。

⑬ 本を印刷する。

ここからはってん

✿⑭ 月が欠ける。

✿⑮ かみの毛を結ぶ。

✿⑯ 役目を果たす。

✿⑰ 神社にお参りする。

✿⑱ おまじないを唱える。

✿⑲ 塩分をひかえる。

✿⑳ 病気が治る。

✿㉑ 新聞を刷る。

✿の漢字は新出漢字のべつの読み方です。

2 新しい漢字を書きましょう。

1 128ページ 全員の□□《しゅっけつ》をたしかめる。

2 □□□《そつぎょうしき》にでる。

3 □□□《たんこうぼん》を読む。

4 良い□□《けっか》となる。

5 ボールの□□《ちょっけい》。

6 □□□《ふくだいじん》の発言。

7 通りの□□《がいとう》がつく。

8 130ページ □□《えいご》で言う。

9 書き方を□□《さんこう》にする。

10 □□《がっしょう》の練習。

11 □□《しおけ》がある食べ物。

12 川の□□《ちすい》をおこなう。

13 写真を□□《いんさつ》する。

ここからはってん

✿14 食器が□《か》ける。

✿15 ひもを□《むす》ぶ。

✿16 大役を□《は》たす。

✿17 ねんぶつを□《とな》える。

✿18 足のきずが□《なお》る。

3 漢字で書きましょう。（〜〜は、送りがなも書きましょう。太字は、この回で習った漢字を使った言葉です。）

1 **そつぎょうしき**で**がっしょう**する。

□

2 しあいの**けっか**を**さんこう**にする。

□

3 **ふくだいじん**が**えいご**ではなす。

□

4 漢字の広場

三年生で習った漢字を書きましょう。〔　〕は、送りがなも書きましょう。

1. おはなしの〔　　〕《はじまり》。
2. おむすびを〔　　〕《おとす》。
3. 後を〔　　〕《おう》。
4. 道を〔　　〕《いそぐ》。
5. 前に〔　　〕《すすむ》。
6. 坂を〔　　〕《ころがる》。
7. 〔　　〕《くらい》夜。
8. 〔　　〕《ふかい》あな。
9. □《さけ》を〔　　〕《のむ》。
10. □《さら》をだす。
11. お□《れい》を言う。
12. □□《こうふく》がおとずれる。
13. 〔　　〕《わるい》おこない。
14. □□《かいがん》を〔　　〕《さる》。
15. 〔　　〕《かなしい》きもち。
16. かめを〔　　〕《たすける》。

17. 流れに〔　　〕《のる》。
18. まっすぐ〔　　〕《むかう》。
19. 目的地に〔　　〕《つく》。
20. 〔　　〕《うつくしい》景色。
21. □□□《たまてばこ》。
22. 荷物を〔　　〕《うけとる》。
23. ふたを〔　　〕《あける》。
24. 〔　　〕《おわり》をむかえる。

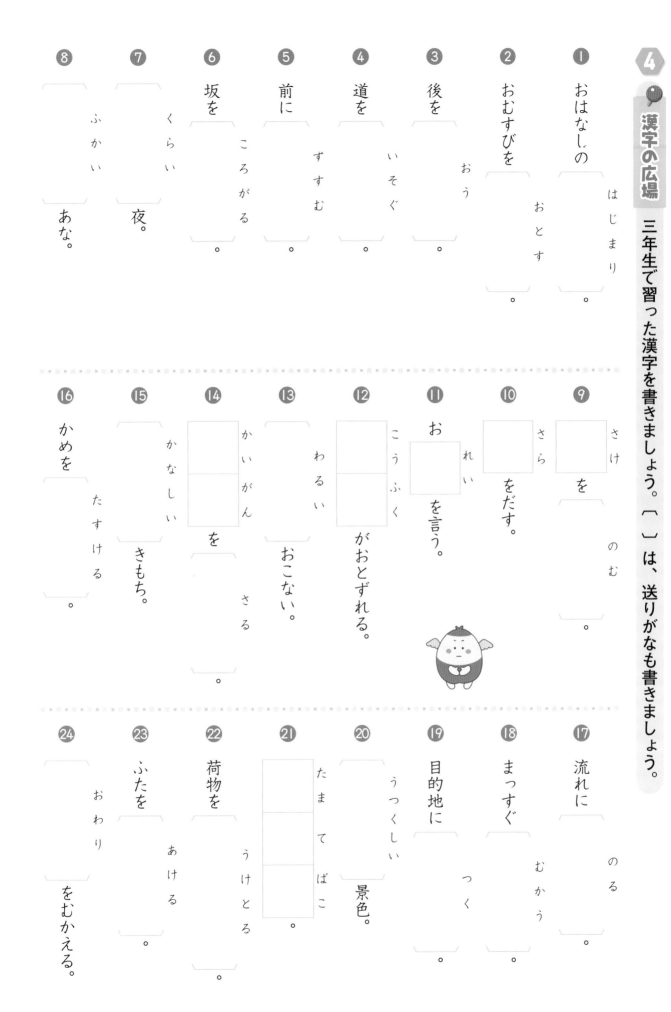

きほんのワーク

ごんぎつね
漢字を正しく使おう

教科書 下 13〜37ページ

勉強した日　月　日

◆「読み方」の赤い字は教科書で使われている読みです。★はまちがえやすい漢字です。

ごんぎつね

13ページ

変（立てる・はねる・はらう）

変　ふゆがしら　すいにょう

読み方　ヘン　かわる・かえる

使い方　変化《へんか》・変身《へんしん》　場面が変《か》わる

9画

同じ読み方の漢字。

変《か》わる…それまでとはちがったものになる。
例　味が変わる。住所が変わる。

代《か》わる…それまでのものと交代する。
例　母と代わる。代わりの品。

13ページ

末（上を長く・はらう・とめる）

末　き

読み方　マツ・（バツ）　すえ

使い方　結末《けつまつ》・始末《しまつ》・文末《ぶんまつ》　末《すえ》っ子・行く末《すえ》

5画

14ページ

種（とめる・下を長く）

種　のぎへん

読み方　シュ　たね

使い方　種目《しゅもく》・種類《しゅるい》・品種《ひんしゅ》　菜種《なたね》・種《たね》まき

14画

15ページ

続（上を長く・はねる・はらう・とめる）

続　いとへん

読み方　ゾク　つづく・つづける

使い方　続出《ぞくしゅつ》・後続《こうぞく》・連続《れんぞく》　ふり続《つづ》く・旅を続《つづ》ける

13画

形のにている漢字。

続（つづ-ける）　例　会話を続ける。

読（よ-む）　例　物語を読む。

筆順　1　2　3　4　5　まちがえやすいところ…★

21ページ

折

折 てへん

とめる　はねる　はらう

読み方

セツ

お**る**・お**り**・お**れる**

使い方

折半《せっぱん》・右折《うせつ》・ふみ折《お》る

四季《しき》折々《おりおり》・木が折《お》れる

7画

23ページ

積

積 のぎへん

一番長く　とめる　とめる　はらう

読み方

セキ

つ**む**・つ**もる**

使い方

積雪《せきせつ》・面積《めんせき》・積極的《せっきょくてき》

かごを積《つ》む・雪が積《つ》もる

16画

漢字のでき方。

積　責…「集める」ことを表す。

禾…「いね」を表す。

いねを集めて、「つみあげる」という意味を表すよ。

でき方

25ページ

松

松 きへん

あける　とめる　とめる

読み方

ショウ

まつ

使い方

松竹梅《しょうちくばい》

松《まつ》たけ・松林《まつばやし》

8画

26ページ

不

不 いち

あける　とめる

読み方

フ・ブ

―

使い方

不思議《ふしぎ》・不安《ふあん》・不足《ふそく》

不気味《ぶきみ》・不器用《ぶきよう》

4画

漢字の意味。

「不」は、下の語の意味を打ち消すはたらきがある漢字で、「…でない」「…しない」という意味を表すよ。

例　不明・不公平・不安定

漢字の意味

26ページ

議

議 ごんべん

あける　わすれない　はねる

読み方

ギ

―

使い方

不思議《ふしぎ》・議題《ぎだい》・会議《かいぎ》

20画

筆順に注意。

「議」の「義」の部分は、「義義義義義義義義義」と書くよ。「⺷」の部分と「我」の部分のそれぞれに気をつけて書こう。

注意！

ものしりメモ

「松竹梅《しょうちくばい》」は、「松」「竹」「梅」という漢字一字の語が集まってできた言葉だよ。めでたいものとして、お祝いの絵やかざりなどに使われたりするよ。

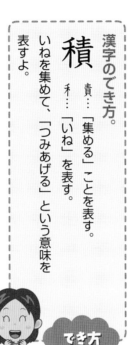

27ページ

差

え たくみ

一番長く
つき出さない
×土
下を長く

読み方
サ
さ**す**

使い方
大差《たいさ》・交差点《こうさてん》
明かりが差《さ》す

10画

27ページ

念

こころ

つける
はねる

読み方
ネン
―

使い方
お念仏《ねんぶつ》・記念《きねん》

8画

30ページ

固

くにがまえ

あける

読み方
コ
かた**める**・かた**まる**
かた**い**

使い方
固定《こてい》・固有《こゆう》
雪を固《かた》める・固《かた》い地面

8画

35ページ

便

にんべん

つき出さない
つき出す
はらう

読み方
ベン・ビン
たより

使い方
便所《べんじょ》・便利《べんり》・便《びん》せん
便《たよ》りがとどく

9画

35ページ

博

じゅう

わすれない
とめる
はねる

読み方
ハク・(バク)
―

使い方
博物館《はくぶつかん》・博学《はくがく》

12画

35ページ

浅

さんずい

わすれない
はねる

読み方
(セン)
あさ**い**

使い方
浅《あさ》い川・そこが浅《あさ》い

9画

反対の意味の言葉。
浅《あさ》い←→深《ふか》い
「浅」も「深」も、部首は、水に関係のある漢字に付く「氵」(さんずい)だね。

おぼえよう!

漢字を正しく使おう

36ページ

倉

ひとやね

つける

読み方
ソウ
くら

使い方
倉庫《そうこ》
米倉《こめぐら》

10画

36ページ

札
きへん

札（はねる・とめる）

読み方
サツ
ふだ

使い方
お札《さつ》・表札《ひょうさつ》
名札《なふだ》・立て札《ふだ》

5画

36ページ

孫
こへん

孫（はねる・はらう・とめる）

読み方
ソン
まご

使い方
子孫《しそん》
孫《まご》に会う・初孫《はつまご》

10画

36ページ

功
ちから

功（小さく・はねる）

読み方
コウ・（ク）
―

使い方
成功《せいこう》・功績《こうせき》

5画

36ページ

加
ちから

加（小さく・はねる）

読み方
カ
くわえる・くわわる

使い方
参加《さんか》・加入《かにゅう》
塩を加《くわ》える・輪に加《くわ》わる

5画

36ページ

牧
うしへん

牧（はらう・とめる）

読み方
ボク
（まき）

使い方
牧場《ぼくじょう》・牧草《ぼくそう》・遊牧《ゆうぼく》

8画

部首に注意。
「牧」の部首は、「牜」(うしへん)だよ。「教」や「放」のような「攵」(のぶん・ぼくにょう)ではないので注意しよう。

注意！

37ページ

借
にんべん

借（下を長く）

読み方
シャク
かりる

使い方
借家《しゃくや》・借用《しゃくよう》
本を借《か》りる

10画

読み方が新しい漢字

14ページ	15	26
家《や》	小《お》	思《シ》
百姓家《ひゃくしょうや》	小川《おがわ》	不思議《ふしぎ》
37	37	37
読《トク》	明《ミョウ》	米《ベイ》
読本《とくほん》	明後日《みょうごにち》	米作《べいさく》
37	37	37
戸《コ》	木《こ》	半《なかば》
戸外《こがい》	木《こ》かげ	半《なか》ば

ものしりメモ
「便」には、二つの音読みがあるよ。「ベン」と読む言葉には「便利」など、「ビン」と読む言葉には「郵《ゆう》便」などがあるよ。言葉によって読み方を区別《べつ》しよう。

気持ちの変化に着目して読み、感想を書こう

練習のワーク

ごんぎつね
漢字を正しく使おう

教科書 下13～37ページ

答え 5ページ

勉強した日　月　日

1 新しい漢字を読みましょう。

1 （13ページ） 気持ちが 変化（　） する。

2 物語の 結末（　）。

3 菜種（　） がらをほす。

4 百姓《しょう》家（　） のうら手。

5 雨がふり 続（　） く。

6 村の 小川（　） へ行く。

7 えだをふみ 折（　） る。

8 車にかごを 積（　） む。

9 松（　） たけを持っていく。

10 不思議（　） な話。

11 明かりが 差（　） す。

12 お 念仏《ぶつ》（　） を唱える。

13 一つの場所に 固（　） める。

14 便（　） せんに手紙を書く。

15 博物館（　） へ行く。

16 浅（　） い海で遊ぶ。

17 （36ページ） 倉庫（　） のとびら。

18 名札（　） を外す。

19 むすこと 孫（　） がいる。

20 機械化に 成功（　） する。

21 計画に 参加（　） する。

㉒ 牧場（　　）に向かう。

㉓ 古い（　　）読本（　　）を見つける。

㉔ 本を（　　）借（　　）りる。

㉕ 明後日（　　）の説明会。

㉖ 米作（　　）のれきし。

㉗ 戸外（　　）に出る。

㉘ 木（　　）かげで休む。

㉙ 今月の（　　）半（　　）ば。

ここから はってん

✿㉚ 考えが（　　）変（　　）わる。

✿㉛ 末（　　）っ子の妹。

✿㉜ さまざまな（　　）種類（　　）。

✿㉝ 欠席者が（　　）続出（　　）する。

✿㉞ 面積（　　）が広い。

✿㉟ かべに（　　）固定（　　）する。

✿㊱ 買い物に（　　）便利（　　）な場所。

✿㊲ 米倉（　　）を建てる。

✿㊳ お（　　）札（　　）でしはらう。

✿㊴ 熱を（　　）加（　　）える。

2 新しい漢字を書きましょう。〔　〕は、送りがなも書きましょう。

1（13ページ） へんか［　　］に気づく。

2 けつまつ［　　］を予想する。

3 なたね［　　］からとれる油。

4 百姓《しょう》や［　］をたずねる。

5 雪がふり〔つづく〕。

6 おがわ［　　］が流れる。

✿の漢字は新出漢字のべつの読み方です。

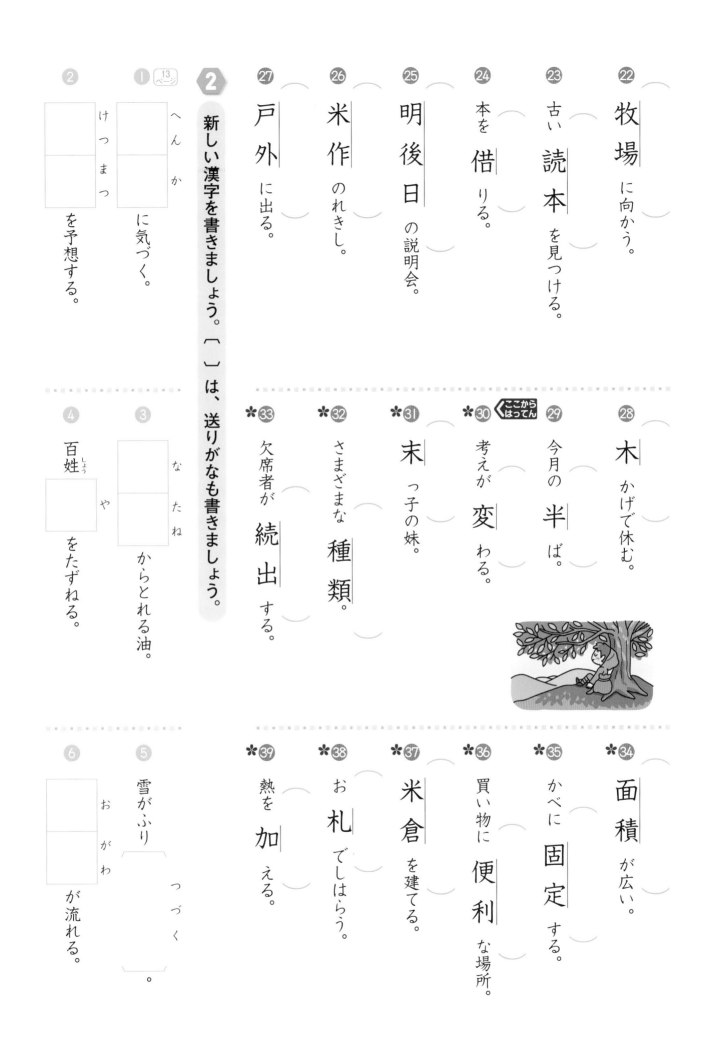

⑦ おり紙を（　）《おる》。

⑧ つみ木を（　）《つむ》。

⑨ □《まつ》たけをたべる。

⑩ うちゅうの□□□《ふしぎ》。

⑪ かさを（　）《さす》。

⑫ ひたすら□《ねん》仏《ぶつ》を唱える。

⑬ 土を（　）《かためる》。

⑭ □《びん》せんを買う。

⑮ □□□《はくぶつかん》のてんじ。

⑯ （　）《あさい》川をわたる。

⑰ 36ページ 広い□□《そうこ》。

⑱ □□《なふだ》をつける。

⑲ □《まご》とでかける。

⑳ わざが□□《せいこう》する。

㉑ 話し合いに□□《さんか》する。

㉒ □□《ぼくじょう》で働く。

㉓ 昔の□□《とくほん》で学ぶ。

㉔ ペンを（　）《かりる》。

㉕ □□□《みょうごにち》の集まり。

㉖ □□《べいさく》をする農家。

㉗ □□《こがい》は寒い。

㉘ □《こ》かげですずむ。

㉙ 今週の（　）《なかば》。

ここからはってん

㉚ 天気が□《か》わる。

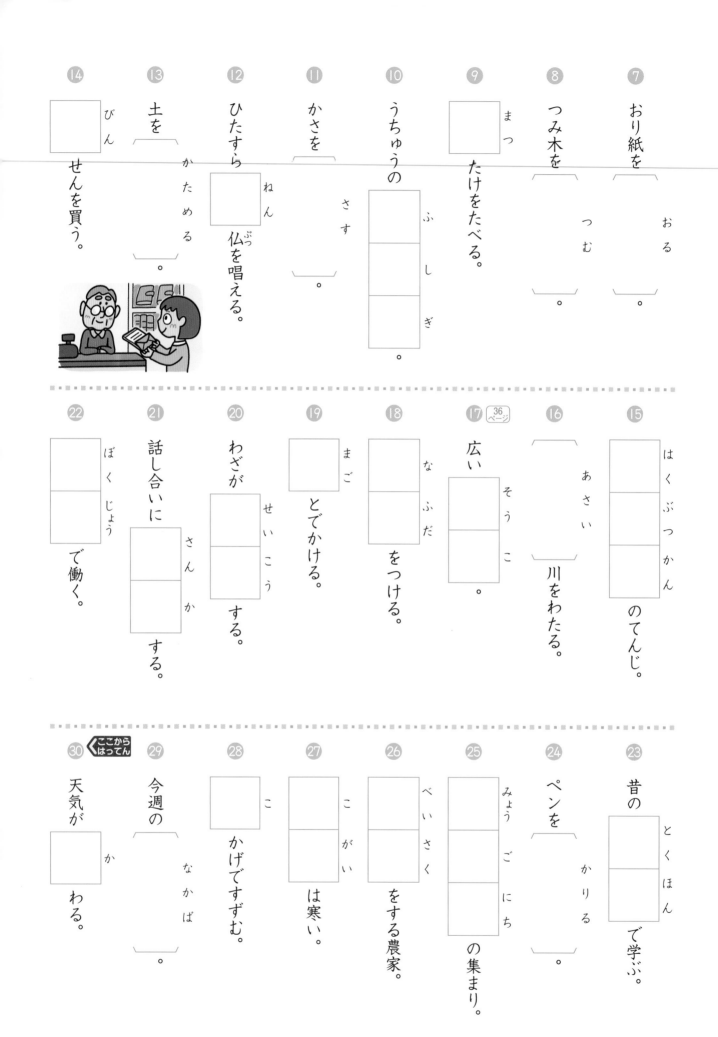

✻31 ぼくは□《すえ》っ子だ。

✻32 魚の□□《しゅるい》。

✻33 問題が□□《そくしゅつ》する。

✻34 土地の□□《めんせき》。

✻35 たなを□□《こてい》する。

✻36 □□《べんり》なくらし。

✻37 □□《こめぐら》にしまう。

✻38 お□《さつ》を取りだす。

✻39 水を□《くわ》える。

3 漢字で書きましょう。（〜〜は、送りがなも書きましょう。太字は、この回で習った漢字を使った言葉です。）

1 いろがへんかするふしぎないし。

2 こうじはみょうごにちまでつづく。

3 おがわのあさいばしょであそぶ。

4 びんせんをふたつにおる。

5 そうこにたいりょうのはこをつむ。

6 まつたけごはんをたべる。

7 てつどうのはくぶつかんへいく。

8 さんかするひとになふだをくばる。

9 ぼくじょうではじめてうまにのる。

役わりをいしきしながら話し合おう／中心となる語や文を見つけて要約し、調べたことを書こう

きほんのワーク

クラスみんなで決めるには／未来につなぐ工芸品 慣用句《かんようく》／短歌・俳句《はいく》に親しもう（二）／漢字の広場④

教科書 ㊦40～64ページ

勉強した日　月　日

◆「読み方」の赤い字は教科書で使われている読みです。●●はまちがえやすい漢字です。

クラスみんなで決めるには

43ページ

挙　て　挙（はらう・はねる）

読み方
キョ
あげる・あがる

使い方
挙手《きょしゅ》・選挙《せんきょ》
手を挙《あ》げる

10画

同じ読み方の漢字。
挙《あ》げる…上に高くあげる。しめす。例 手を挙げる。例を挙げる。
上《あ》げる…高いほうへ動かす。例 顔を上げる。温度を上げる。

注意！

44ページ

協　じゅう　協（はねる・とめる）

読み方
キョウ
―

使い方
協力《きょうりょく》・協調《きょうちょう》
協同組合《きょうどうくみあい》

8画

45ページ

極　きへん　極（一画・とめる・はねる）

読み方
キョク・（ゴク）
（きわめる）（きわまる）
（きわみ）

使い方
積極的《せっきょくてき》・南極《なんきょく》

12画

46ページ

求　みず　求（わすれない・はねる・はらう）

読み方
キュウ
もとめる

使い方
求人《きゅうじん》・追求《ついきゅう》・要求《ようきゅう》
意見を求《もと》める

7画

同じ読み方の言葉。
追求《ついきゅう》…目的を達成するまで追い求めること。例 平和を追求する。
追究《ついきゅう》…調べて明らかにしようとすること。例 うちゅうのなぞを追究する。

注意！

47ページ

未 き

下を長く　はらう　とめる

読み方
ミ
―

使い方
未来《みらい》・未知《みち》・未完成《みかんせい》

5画

漢字の意味。
「未」は、下の語の意味を打ち消すはたらきがある漢字で、「まだ…でない」「まだ…しない」という意味を表すよ。
例 未定・未成年・未公開

47ページ

芸 くさかんむり

下を長く　とめる

読み方
ゲイ
―

使い方
工芸品《こうげいひん》・園芸《えんげい》

7画

48ページ

各 くち

あける　はらう

読み方
カク
（おのおの）

使い方
各地《かくち》・各段落《かくだんらく》
各駅《かくえき》にとまる電車

6画

50ページ

料 とます

とめる

読み方
リョウ
―

使い方
材料《ざいりょう》・料金《りょうきん》・料理《りょうり》

10画

52ページ

然 れんが れっか

わすれない　×夕　点の向き

読み方
ゼン・ネン
―

使い方
自然《しぜん》・当然《とうぜん》・必然《ひつぜん》
天然《てんねん》

12画

反対の意味の言葉。
自然《しぜん》↔人工《じんこう》
必然《ひつぜん》↔ぐう然《ぜん》
「必然」は、「必ずそうなること」という意味だよ。

慣用句

61ページ

仲 にんべん

とめる

読み方
（チュウ）
なか

使い方
仲《なか》が良い・仲間《なかま》

6画

ものしりメモ
「各」には、「ひとつひとつ・それぞれ」という意味があり、下にいろいろな言葉を付けて使われるよ。（例）各界・各国・各自・各種

61ページ

労

労　ちから

一番長く　はねる

読み方

ロウ

使い方

労《ろう》をねぎらう
労働《ろうどう》・苦労《くろう》

7画

労労労労労労労

漢字の意味。

「労」は、「働く」という意味や、何かに「力をつくす」という意味を表すよ。
そこから「つかれ」という意味なども表すよ。

例 労働・苦労・心労

61ページ

焼

焼　ひへん

一番長く　はねる　とめる

読み方

（ショウ）
やく・や**ける**

使い方

世話を焼《や》く
肉が焼《や》ける

12画

焼焼焼焼焼焼焼焼焼焼焼焼

漢字の形に注意。

焼　「ㅗ」の部分を「土」と書かないようにしよう。

61ページ

冷

冷　にすい

×ミ　つける　とめる

読み方

レイ
つめたい・ひえる・ひや
ひやす・ひやかす
さめる・さます

使い方

冷気《れいき》・寒冷《かんれい》
冷《つめ》たい風・頭を冷《ひ》やす

7画

冷冷冷冷冷冷冷

漢字の意味。

「冷」には、いろいろな意味があるよ。
①温度がひくい。例 冷夏・冷気
②心がつめたい。例 冷たん・冷血
③落ち着いている。例 冷静

短歌・俳《はい》句に親しもう（二）

63ページ

照

照　れんが　れっか

はねる

読み方

ショウ
て**る**・て**らす**
て**れる**

使い方

照明《しょうめい》・対照《たいしょう》
日照《ひで》り・足元を照《て》らす

13画

照照照照照照照照照照照照照

読み方が新しい漢字

52ページ	自《シ》
	自然《しぜん》
62	色《シキ》
	金色《こんじき》

ものしりメモ

「焼」の部首の「火」(ひへん)や、「照」の部首の「灬」(れんが・れっか)は、どちらも火や熱に関係のある漢字に付くよ。「灬」は、ならんだ火の形を表しているんだ。

役わりをいしきしながら話し合おう／中心となる語や文を見つけて要約し、調べたことを書こう

練習のワーク

クラスみんなで決めるには／未来につなぐ工芸品／慣《かん》用句《く》／短歌・俳《はい》句《く》に親しもう（二）／漢字の広場④

教科書 ㊦40～64ページ

答え 5ページ

勉強した日　月　日

1 新しい漢字を読みましょう。

① 40ページ 話し合いで手を**挙**げる。

② みんなで**協力**する。

③ **積極的**に発言する。

④ 意見を**求**める。

⑤ 47ページ **未来**につなげる。

⑥ **工芸品**のみりょく。

⑦ 日本**各地**の気候《こう》。

⑧ **材料**をそろえる。

⑨ **自然**にある素《そ》材。

⑩ 60ページ **仲**を取り持つ。

⑪ **労**をねぎらう。

⑫ 世話を**焼**く。

⑬ しばらく頭を**冷**やす。

⑭ 62ページ **金色**にかがやく。

⑮ 日の光が**照**らす。

ここからはってん

✿⑯ **選挙**に参加する。

✿⑰ **要求**を受け入れる。

✿⑱ **天然**のうなぎ。

✿⑲ 外の**冷気**が入る。

✿⑳ **冷**たい風がふく。

✿㉑ **照明**をつける。

✿の漢字は新出漢字のべつの読み方です。

2 新しい漢字をかきましょう。〔　〕は、送りがなもかきましょう。

1 40ページ 例を〔　　〕《あげる》。

2 □□《きょうりょく》して作る。

3 □□□《せっきょくてき》に行う。

4 助けを〔　　〕《もとめる》。

5 47ページ 明るい□□《みらい》。

6 □□□《こうげいひん》を買う。

7 中国□□《かくち》をめぐる。

8 □□《ざいりょう》を用意する。

9 □□《しぜん》の中。

10 60ページ □《なか》が良い友達。

11 助手の□《ろう》をねぎらう。

12 魚を〔　　〕《やく》。

13 すいかを〔　　〕《ひやす》。

14 62ページ □□《こんじき》の仏《ぶつ》ぞう。

15 足元をライトで〔　　〕《てらす》。

ここから はってん

✿16 □□《せんきょ》の結果。

✿17 無《む》理な□□《ようきゅう》。

✿18 手が□《つめ》たい。

3 漢字でかきましょう。（～～は、送りがなもかきましょう。太字は、この回で習った漢字をつかった言葉です。）

1 たにんに**きょうりょく**をもとめる。

2 とうほく**かくち**の**しぜん**をしらべる。

3 ぜんぶの**ざいりょう**をやく。

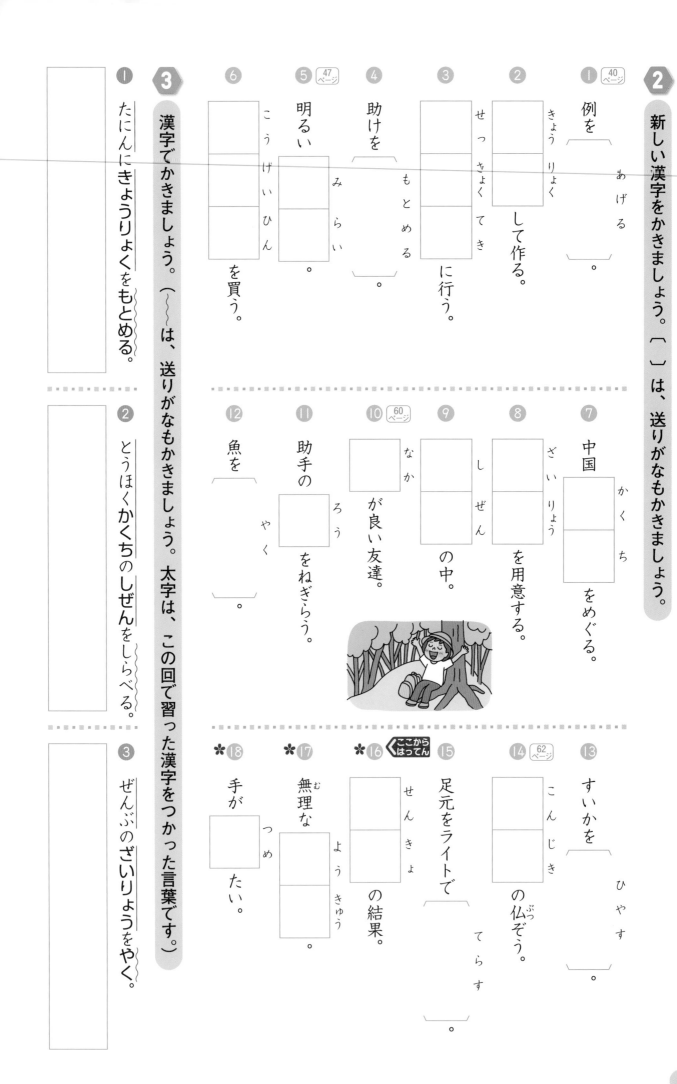

4 漢字の広場

三年生で習った漢字をかきましょう。〔　〕は、送りがなもかきましょう。

① □□□□《せかいちず》。

② □□《しんわ》と□□《どうわ》。

③ ふみ台を〔　　〕《つかう》。

④ □□□□《としょいいん》。

⑤ 本を〔　　〕《かえす》。

⑥ □□《きりつ》して答える。

⑦ 先生が□□《しめい》する。

⑧ □《ばい》の□□《めんせき》。

⑨ むずかしい□□《もんだい》。

⑩ □《よこ》の長さ。

⑪ □□《はなぢ》が出る。

⑫ □《は》がいたい。

⑬ 本の□□《かんそう》を言う。

⑭ □□《じつぶつ》を見せる。

⑮ □□《しょうわ》の時代。

⑯ □《むかし》の〔　　〕《あそび》。

⑰ □□《しごと》をする。

⑱ □□□《たいいくかん》に集まる。

⑲ 〔　　〕《かるい》ものを運ぶ。

⑳ 〔　　〕《おもい》かばん。

㉑ □《かかり》に□□《そうだん》する。

㉒ □《つぎ》の□《ふえ》のあいずで走る。

㉓ □□《こうてい》に出る。

㉔ 時計の□《びょう》しん。

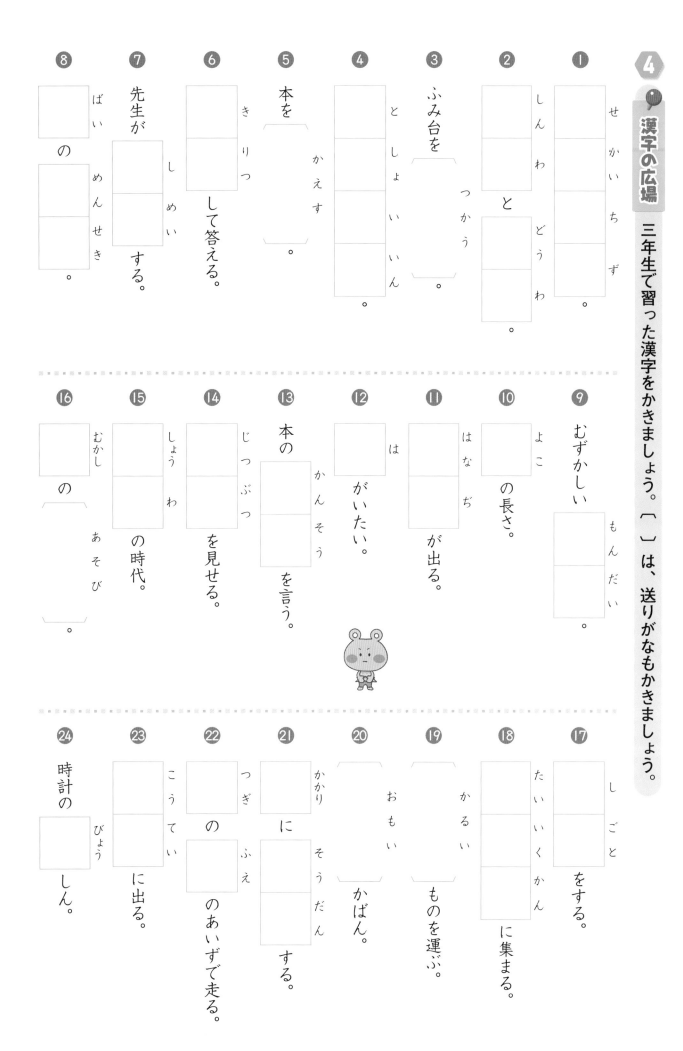

つながりを見つけながら読み、おもしろいと思ったことを話し合おう

きほんのワーク

友情《じょう》のかべ新聞　もしものときにそなえよう／冬の楽しみ

教科書 ㊦65～91ページ

勉強した日　　月　　日

◆「読み方」の赤い字は教科書で使われている読みです。★はまちがえやすい漢字です。

友情のかべ新聞

65ページ

好　おんなへん

（少し出す・とめる・はねる）

読み方：コウ／この**む**・す**く**

使い方：好意《こうい》・好物《こうぶつ》・友好《ゆうこう》／絵を好《この》む・好《す》きな本

6画

漢字のでき方。

好　子…「子ども」を表す。　女…「女の人」を表す。

女の人が子どもをかわいがる様子から、「このむ・親しい」などの意味を表すよ。

66ページ

最　ひらび

（長く・はらう・あける）

読み方：サイ／もっと**も**

使い方：最高《さいこう》・最初《さいしょ》・最終回《さいしゅうかい》／最《もっと》も長い川

12画

68ページ

省　め

（はねる・つける・×日）

読み方：セイ・ショウ／（かえり**みる**）／はぶ**く**

使い方：反省《はんせい》・帰省《きせい》・省略《しょうりゃく》／手間を省《はぶ》く

9画

69ページ

課　ごんべん

（下まで一画・あける・はらう・とめる）

読み方：カ／―

使い方：放課後《ほうかご》・課題《かだい》・日課《にっか》

15画

同じ読み方で形のにている漢字。

課（カ）　仕事などのわりあて。　例 課題・日課・会計課

果（カ）　木の実。やり終えてできたもの。　例 果実・結果・成果

69ページ

無　れっか　れんが

無（長く・点の向き）

読み方

ム・ブ

ない

使い方

無理《むり》・無色《むしょく》・無計画《むけいかく》

無事《ぶじ》・無《な》い物ねだり

12画

漢字の意味。

「無」は、下の語の意味を打ち消すはたらきがある漢字で、「…ない」という意味を表すよ。

例　無事・無礼・無愛想

無休・無色・無意味

70ページ

側　にんべん

側（少し小さく・とめる・はねる・とめる）

読み方

ソク

がわ　〈かわ〉

使い方

側面《そくめん》・側近《そっきん》

右側《みぎがわ》・南側《みなみがわ》・両側《りょうがわ》

11画

73ページ

改　のぶん　ぼくにょう

改（あける・はらう・とめる）

読み方

カイ

あらためる

あらたまる

使い方

改行《かいぎょう》・改良《かいりょう》

改《あらた》めて読む

7画

78ページ

周　くち

周（下を長く・はらう・はねる）

読み方

シュウ

まわり

使い方

一周《いっしゅう》・周期《しゅうき》・周辺《しゅうへん》

湖の周《まわ》り

8画

同じ読み方の漢字。

周《まわ》り…物の外側。周辺《へん》。

例　公園の周り。

回《まわ》り…丸の形に動く。

例　一回り。

もしものときにそなえよう／冬の楽しみ

84ページ

害　うかんむり

害（立てる・はねる・一番長く）

読み方

ガイ

―

使い方

災害《さいがい》・水害《すいがい》・有害《ゆうがい》

10画

読み方が新しい漢字

65ページ	76	87	91
正《セイ》	直《ジキ》	雨《ウ》	元《ガン》
正反対《せいはんたい》	正直《しょうじき》	豪雨《ごうう》	元旦《がんたん》

ものしりメモ　「改」の訓読みの送りがなは、「あらた(める)」「あらた(まる)」だよ。「改ためる」などとしないように気をつけよう。

つながりを見つけながら読み、おもしろいと思ったことを話し合おう

練習のワーク

友情《じょう》のかべ新聞
もしものときにそなえよう／冬の楽しみ

教科書 ㊦65～91ページ
答え 6ページ

勉強した日　月　日

1 新しい漢字を読みましょう。

① (65ページ) 好（　）きなものがちがう。
② 正反対（　）のせいかく。
③ 最高（　）にかわいい。
④ 少しも反省（　）しない。
⑤ 放課後（　）に集まる。
⑥ 無理（　）な作戦。

⑦ 新聞の右側（　）の記事。
⑧ 内容《よう》を改（　）めて読む。
⑨ 正直（　）にあやまる。
⑩ ぐるっと一周（　）する。
⑪ (84ページ) 自然災《さい》害（　）が起こる。
⑫ 豪《ごう》雨（　）をけいけんする。

⑬ (90ページ) 元旦《たん》（　）にぞうにを食べる。
✿⑭ ここからはってん 白い花を好（　）む。
✿⑮ 最（　）も寒い季節。
✿⑯ 説明を省（　）く。
✿⑰ 改行（　）して続きを書く。
✿⑱ 周（　）りの人に聞く。

2 新しい漢字を書きましょう。〔　〕は、送りがなも書きましょう。

✿の漢字は新出漢字のべつの読み方です。

① 65ページ 〔　　〕《すき》な教科。

② □□□□《せいはんたい》の意見。

③ 今年□□《さいこう》の気温。

④ 失敗《しっぱい》を□□《はんせい》する。

⑤ □□□《ほうかご》の教室。

⑥ □□《むり》に引っぱる。

⑦ 道の□□《みぎがわ》を歩く。

⑧ たいどを〔　　〕《あらためる》。

⑨ □□《しょうじき》に答える。

⑩ 校庭を□□《いっしゅう》する。

⑪ 84ページ 災《さい》□《がい》にそなえる。

⑫ 豪《ごう》□《う》のよほうが出る。

⑬ 90ページ □《がん》旦《たん》に初日の出を見る。

✿⑭ ここからはってん 海より山を□《この》む。

✿⑮ □《もっと》もすぐれた作品。

✿⑯ 手間を□《はぶ》く。

✿⑰ 文章を□□《かいぎょう》する。

✿⑱ 池の□《まわ》りを歩く。

3 漢字で書きましょう。（〰は、送りがなも書きましょう。太字は、この回で習った漢字を使った言葉です。）

① みせですきなりょうりをえらぶ。

② じぶんのこうどうを**はんせい**する。

③ にもつをいすの**みぎがわ**におく。

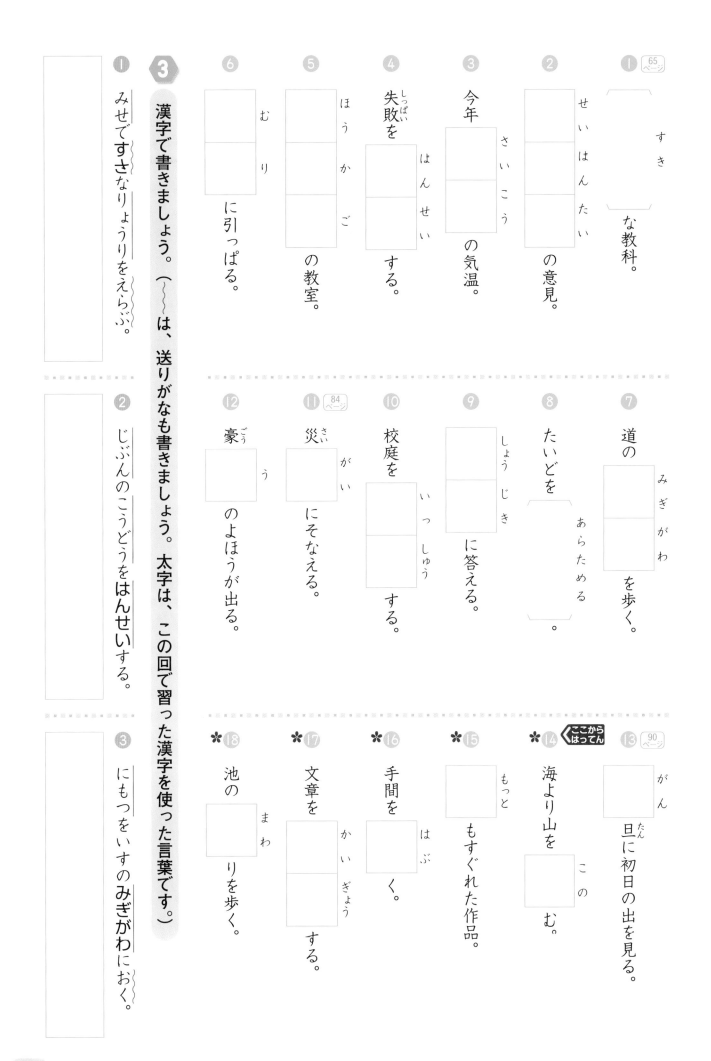

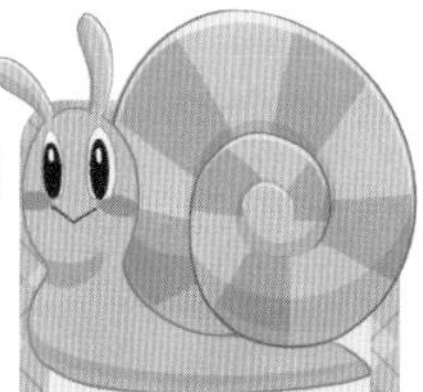

冬休みまとめのテスト①

教科書 上118～下91ページ
答え 6ページ

時間 20分

とく点 /100点

勉強した日 月 日

1 ――線の漢字の読み方を書きましょう。 一つ2（28点）

① 海水浴場（ ）の位置（ ）を地図にしめす。

② 単行本（ ）の内容《よう》を参考（ ）にする。

③ 英語（ ）の歌をクラスで合唱（ ）する。

④ 花の絵が印刷（ ）された便（ ）せんを買う。

⑤ 日光の差（ ）す方向が変化（ ）する。

⑥ 牧場（ ）のヤギのミルクを固（ ）めたチーズ。

⑦ 来月の半（ ）ばに博物館（ ）に行く予定だ。

2 □は漢字を、（ ）は漢字と送りがなを書きましょう。 一つ2（28点）

① □□《めいれい》する。

② □□《ぎょぎょう》の町。

③ □□□《そつぎょうしき》。

④ □□《けっか》が出る。

⑤ □□《しおけ》が多い。

⑥ □□《なたね》の油。

⑦ えだを（ ）《おる》。

⑧ 荷物を（ ）《つむ》。

⑨ □《まつ》たけを焼く。

⑩ □□□《ふしぎ》。

⑪ お□《ねん》仏《ぶつ》を唱える。

⑫ □□《そうこ》の中。

⑬ 実験《けん》の□□《せいこう》。

⑭ □□《こがい》で遊ぶ。

3 ―線の言葉を、漢字と送りがなで書きましょう。　一つ2（12点）

① 集中力にかける。 □
② 国家をおさめる。 □
③ 家のまわりを歩く。 □
④ 話し合いにくわわる。 □
⑤ リボンをむすぶ。 □
⑥ 生活をあらためる。 □

4 ―線の言葉とにた意味の言葉になるように、□に漢字を書きましょう。　一つ2（4点）

① 世界のはし。＝世界の□て。
② 高い山がつらなる。＝高い山が□く。

5 形のにている漢字に気をつけて、□に漢字を書きましょう。　一つ2（12点）

① □《ふく》部長になる。―□《ふく》わらいで遊ぶ。
② お□《さつ》を出す。―お□《れい》を言う。
③ 週□《まつ》の予定。―□《み》来の世界。

6 次の漢字の赤字の部分は、何画目に書きますか。（　）に数字で書きましょう。また、総《そう》画数を□に数字で書きましょう。　一つ2（8点）

① 無（　）画目　□画
② 臣（　）画目　□画

7 次の漢字の部首名を、（　）に書きましょう。　一つ2（8点）

① 径（　）　② 街（　）
③ 刷（　）　④ 然（　）

冬休み まとめのテスト②

教科書 上118～下91ページ
答え 6ページ

時間 20分

とく点　／100点

勉強した日　月　日

1 ――線の漢字の読み方を書きましょう。 一つ2（28点）

① 協力してくれた人たちの労をねぎらう。

② かまで焼いた皿などの工芸品。

③ 二人は正反対のせいかくだが仲が良い。

④ 元旦《たん》に食べるぞうにが好きだ。

⑤ 反省して行いを改める。

⑥ 勝つのは無理だと正直に言う。

⑦ 豪《ごう》雨による災《さい》害をふせぐ。

2 □は漢字を、（　）は漢字と送りがなを書きましょう。 一つ2（28点）

① 手を（　）《あげる》。

② □□□《せっきょくてき》。

③ 発言を（　）《もとめる》。

④ 日本の□□《みらい》。

⑤ □□《かくち》の天気。

⑥ パンの□□《ざいりょう》。

⑦ きびしい□□《しぜん》。

⑧ 水を（　）《ひやす》。

⑨ □□《こんじき》の帯。

⑩ 光が（　）《てらす》。

⑪ □□《さいこう》の気分。

⑫ □□□《ほうかご》。

⑬ 道の□□《みぎがわ》。

⑭ 世界□□《いっしゅう》。

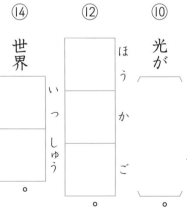

3 ——線の同じ読み方をする言葉を、漢字で書きましょう。　一つ2（12点）

① 1 大通りのがいとうがともる。
　 2 がいとうでえんぜつをする。

② 1 理想をついきゅうする。
　 2 真理をついきゅうする。

③ 1 工場のきかいを動かす。
　 2 よいきかいがおとずれる。

4 漢字二字の言葉が三つずつできるように、■にそれぞれ共《きょう》通してあてはまる漢字を、□に書きましょう。　一つ2（8点）

① 位■・配■・物■

② 飲■・■理・無■

③ ■化・■身・大■

④ ■席・出■・■点

5 次の言葉と反対の意味の言葉になるように、□に漢字を書きましょう。　一つ2（4点）

① 深い ↔ □い

② 貸《か》す ↔ □りる

6 次の部分と組み合わせることのできる部分を□から選んで漢字を作り、□に書きましょう。　一つ2（12点）

① 今　② 重　③ 斤　④ 𠂎　⑤ 攵　⑥ 魚

牛　扌　馬　火
禾　心　氵　卩

7 次の漢字は、それぞれ一画足りません。□に正しく書きましょう。　一つ2（8点）

① 博　② 参　③ 令　④ 孫

きほんのワーク

自分だけの詩集を作ろう／言葉から連想を広げて／熟《じゅく》語の意味／漢字の広場⑤

教科書 下92～98ページ

勉強した日　月　日

自分だけの詩集を作ろう

93ページ

共（下を長く・はらう・とめる）

共　は

読み方：キョウ／とも

使い方：共通点《きょうつうてん》・共感《きょうかん》・公共《こうきょう》／共《とも》に歩く

6画

漢字のでき方。

共

物を両手でささげ持つ様子からできた漢字だよ。両手をいっしょに使うことから、「ともに」の意味を表すよ。

言葉から連想を広げて

94ページ

連（下を長く・一画）

連　しんにょう／しんにゅう

読み方：レン／つら**なる**・つら**ねる**／つ**れる**

使い方：連想《れんそう》・連続《れんぞく》・山が連《つら》なる／のきを連《つら》ねる・連《つ》れ立つ

10画

熟語の意味

97ページ

願（はらう・はねる・とめる）

願　おおがい

読み方：ガン／ねが**う**

使い方：願望《がんぼう》・念願《ねんがん》／平和を願《ねが》う

19画

97ページ

望（立てる・はねる・とめる・一番長く）

望　つき

読み方：ボウ・（モウ）／のぞ**む**

使い方：願望《がんぼう》・一望《いちぼう》／望《のぞ》みをかなえる

11画

漢字の意味。

「望」には、いろいろな意味があるよ。

①遠くを見る。　例 展《てん》望

②願う。　例 希《き》望

③良いひょうばん。　例 人望

97ページ

失 だい

読み方

シツ
うしなう

使い方

消失《しょうしつ》・失敗《しっぱい》・失礼《しつれい》
気力を失《うしな》う

5画

形のにている漢字。

失（シツ）上が出る。例 失敗《ぱい》・失望

矢（や）上が出ない。例 矢印・弓矢

97ページ

辺 しんにょう しんにゅう

読み方

ヘン
あたり・べ

使い方

周辺《しゅうへん》・近辺《きんぺん》
辺《あた》り一面・海辺《うみべ》

5画

漢字の意味。

「辺」には、いろいろな意味があるよ。

①あたり。近く。そば。例 岸辺・身辺

②果て。国ざかい。例 辺境《きょう》

③多角形を作る線。例 底《てい》辺・平行四辺形

97ページ

低 にんべん

読み方

テイ
ひくい・ひくめる
ひくまる

使い方

高低《こうてい》・最低《さいてい》
気温が低《ひく》い

7画

97ページ

敗 のぶん ぼくにょう

読み方

ハイ
やぶれる

使い方

勝敗《しょうはい》・失敗《しっぱい》
勝負に敗《やぶ》れる

11画

97ページ

老 おいかんむり

読み方

ロウ
おいる・（ふける）

使い方

老木《ろうぼく》・老人《ろうじん》・長老《ちょうろう》
年老《としお》いた母

6画

漢字のでき方。

老

かみの毛の長いお年よりが、こしを曲げてつえをついている様子からできた漢字だよ。

「耂」を、「おいかんむり」というよ。

ものしりメモ

「連」には、「つら(なる)」「つら(ねる)」「つ(れる)」という訓読みがあるよ。送りがなに注意して区別《べつ》しよう。　(例) 店が連なる。　名を連ねる。　友達を連れる。

97ページ

底 まだれ

底

立てる・長く・はらう・わすれない・はねる

読み方 テイ／そこ

使い方 海底《かいてい》・底辺《ていへん》・根底《こんてい》・底力《そこぢから》・川底《かわぞこ》・海の底《そこ》

8画

97ページ

票 しめす

票

長く・とめる・はねる

読み方 ヒョウ／—

使い方 開票《かいひょう》・一票《いっぴょう》・伝票《でんぴょう》

11画

漢字の形に注意。

○票 たてぼうはまっすぐに。

×票 「覀」にしない。

注意！

97ページ

陸 こざとへん

陸

はねる・下を長く

読み方 リク／—

使い方 着陸《ちゃくりく》・陸上《りくじょう》・陸地《りくち》

11画

97ページ

管 たけかんむり

管

立てる・はねる・一画・下を大きく

読み方 カン／くだ

使い方 血管《けっかん》・管理《かんり》・水道管《すいどうかん》・ガラスの管《くだ》

14画

同じ読み方で形のにている漢字。

管（カン） 例 管理・血管・土管

官（カン） 例 器官・長官・外交官

注意！

97ページ

衣 ころも

衣

立てる・はらう

読み方 イ／（ころも）

使い方 衣服《いふく》・衣食住《いしょくじゅう》・衣料品《いりょうひん》

6画

読み方が新しい漢字

96ページ	96	96
木ボク	刀トウ	星セイ
木刀《ぼくとう》		流星《りゅうせい》
96	96	96
竹チク	林リン	力リキ
竹林《ちくりん》		人力《じんりき》
96	97	97
言ゴン	岩ガン	右ウ
伝言《でんごん》	岩石《がんせき》	右折《うせつ》

ものしりメモ 「陸」のように「阝」が漢字の左側に付くのは、「こざとへん」。「都」や「部」のように「阝」が漢字の右側に付くのは、「おおざと」。べつの部首なので注意しよう。

練習のワーク

自分だけの詩集を作ろう／言葉から連想を広げて／熟語《じゅく》の意味／漢字の広場⑤

教科書 下92～98ページ
答え 7ページ

勉強した日　月　日

1 新しい漢字を読みましょう。

① 92ページ 共通点（　）がある。
② 94ページ 連想（　）を広げる。
③ 96ページ 重い木刀（　）。
④ 流星（　）を見つける。
⑤ 竹林（　）を通る。
⑥ 人力（　）で運ぶ。
⑦ 伝言（　）がある。

⑧ 願望（　）をかなえる。
⑨ 消失（　）した絵。
⑩ 家の周辺（　）を歩く。
⑪ 地形の高低（　）。
⑫ 勝敗（　）を決める。
⑬ 老木（　）をながめる。
⑭ 海底（　）をたんけんする。

⑮ 開票（　）の作業。
⑯ 月に着陸（　）する。
⑰ うでの血管（　）が見える。
⑱ 岩石（　）を調べる。
⑲ 衣服（　）を身につける。
⑳ 車が右折（　）する。
✿㉑ ここからはってん 共（　）にあゆむ。

✿の漢字は新出漢字のべつの読み方です。

✿22 高い山が連（　　）なる。

✿23 世界の平和を願（　　）う。

✿24 言葉を失（　　）う。

✿25 辺（　　）りをうかがう。

✿26 体温が低（　　）い。

✿27 大差で敗（　　）れる。

✿28 老（　　）いた男の人。

✿29 池の底（　　）を見る。

✿30 管（　　）に水を通す。

2 新しい漢字を書きましょう。

1 92ページ □□□《きょうつうてん》をさがす。

2 94ページ 絵から□□《れんそう》する。

3 96ページ □□《ぼくとう》を持つ。

4 □□《りゅうせい》が見える夜空。

5 □□《ちくりん》が美しい庭。

6 □□《じんりき》で動かす。

7 父への□□《でんごん》。

8 □□《がんぼう》を口にする。

9 データが□□《しょうしつ》する。

10 学校の□□《しゅうへん》。

11 音の□□《こうてい》の差。

12 試合の□□《しょうはい》がつく。

13 梅の□□《ろうぼく》。

14 □□《かいてい》にすむ生き物。

15 せんきょの□□《かいひょう》速報《ほう》。

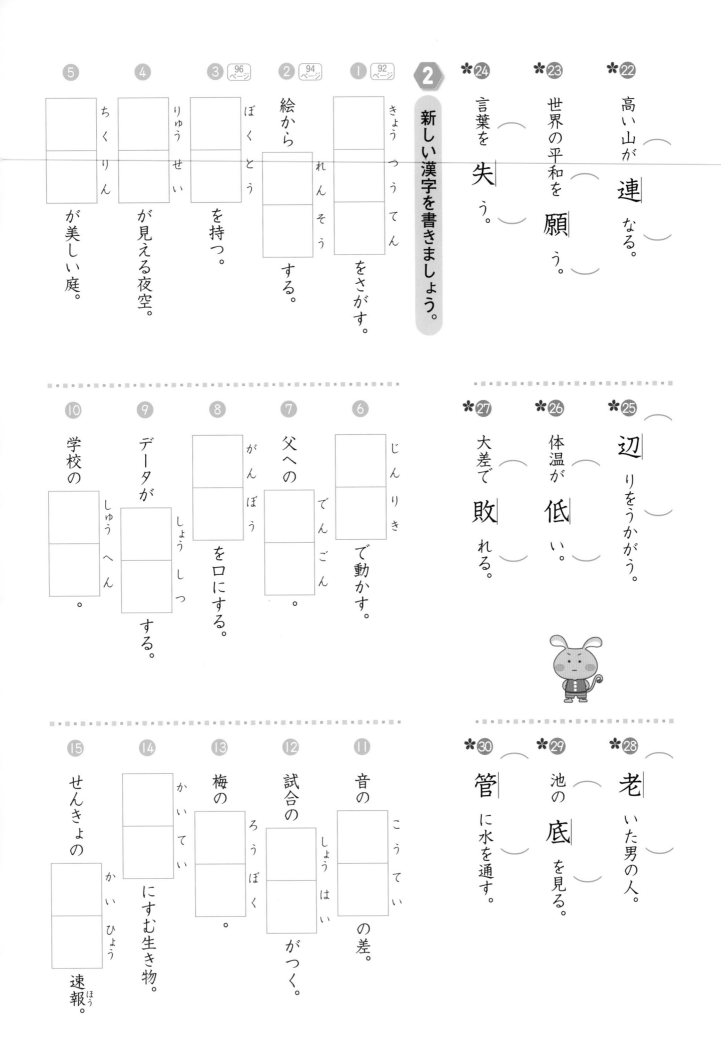

⑯ 無事に□□《ちゃくりく》する。

⑰ □□《けっかん》に注射《しゃ》する。

⑱ □□《がんせき》の種類。

⑲ 動きやすい□□《いふく》。

⑳ 信号を□□《うせつ》する。

ここからはってん

✿㉑ □《とも》に出かける。

✿㉒ 道路に車が□《つら》なる。

✿㉓ 晴れることを□《ねが》う。

✿㉔ チャンスを□《うしな》う。

✿㉕ 駅前□《あた》りの様子。

✿㉖ □《ひく》い声を出す。

✿㉗ 試合に□《やぶ》れる。

✿㉘ かい犬が□《お》いる。

✿㉙ びんの□《そこ》。

✿㉚ ゴムの□《くだ》。

3 漢字で書きましょう。（〰は、送りがなも書きましょう。太字は、この回で習った漢字を使ったことばです。）

① **きょうつうてん**をすべてあげる。

② **がんせき**のかたちから**れんそう**する。

③ **がんぼう**をことばであらわす。

④ **ろうぼく**の**しゅうへん**でやすむ。

⑤ **かいひょう**のけっかをつたえる。

⑥ ひこうきが**ちゃくりく**する。

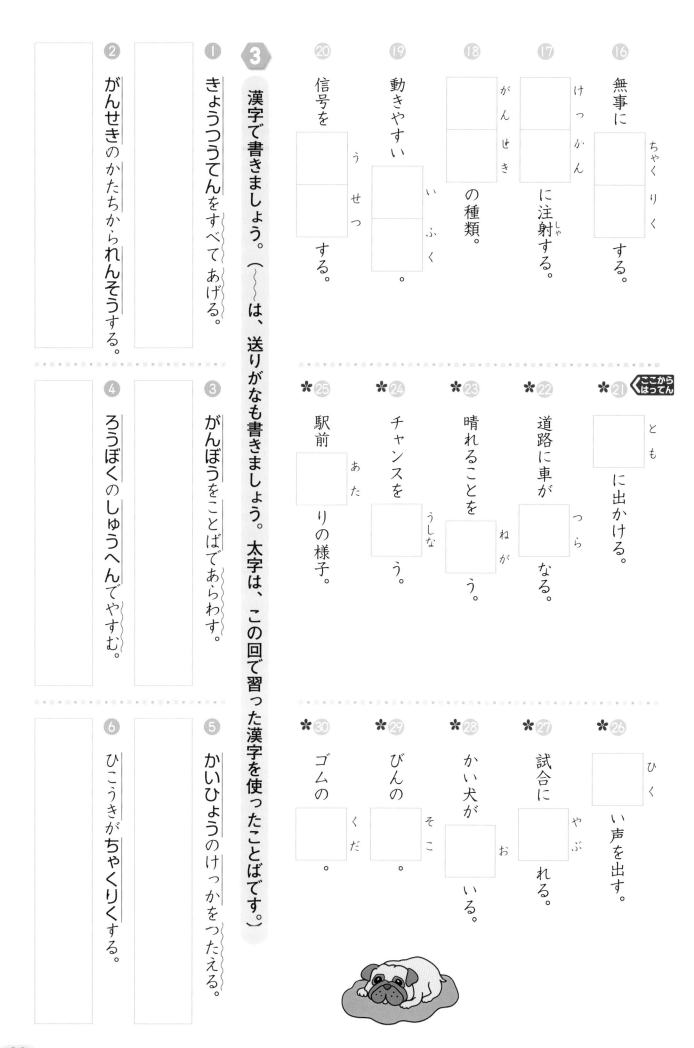

4 漢字の広場

三年生で習ったかんじを書きましょう。〔　〕は、送りがなも書きましょう。

❶ □□《びか》活動を行う。

❷ 公園の□□《ゆうぐ》。

❸ ごみを〔　　〕《ひろう》。

❹ □□《しゃしん》をとる。

❺ 日が〔　　〕《みじかい》。

❻ 〔　　〕《さむい》日が続く。

❼ 木に〔　　〕《のぼる》。

❽ □□《しんごう》が変わる。

❾ □□《どうろ》をわたる。

❿ 友達を〔　　〕《まつ》。

⓫ □□□《いっちょうめ》の交差点。

⓬ □□《じゅうしょ》をおぼえる。

⓭ □□《てちょう》に書く。

⓮ お□□《きゃくさま》をむかえる。

⓯ □□《ようふく》の□□《せいり》。

⓰ □□《にかい》に上がる。

⓱ □□《かんじ》の□□《べんきょう》。

⓲ お□《ゆ》をわかす。

⓳ 火を〔　　〕《けす》。

⓴ □□《りょうしん》を手伝う。

㉑ りんごの□《かわ》をむく。

㉒ 家の□《はしら》。

㉓ □□《しんちょう》がのびる。

㉔ □□《しゃこ》の□□《やね》。

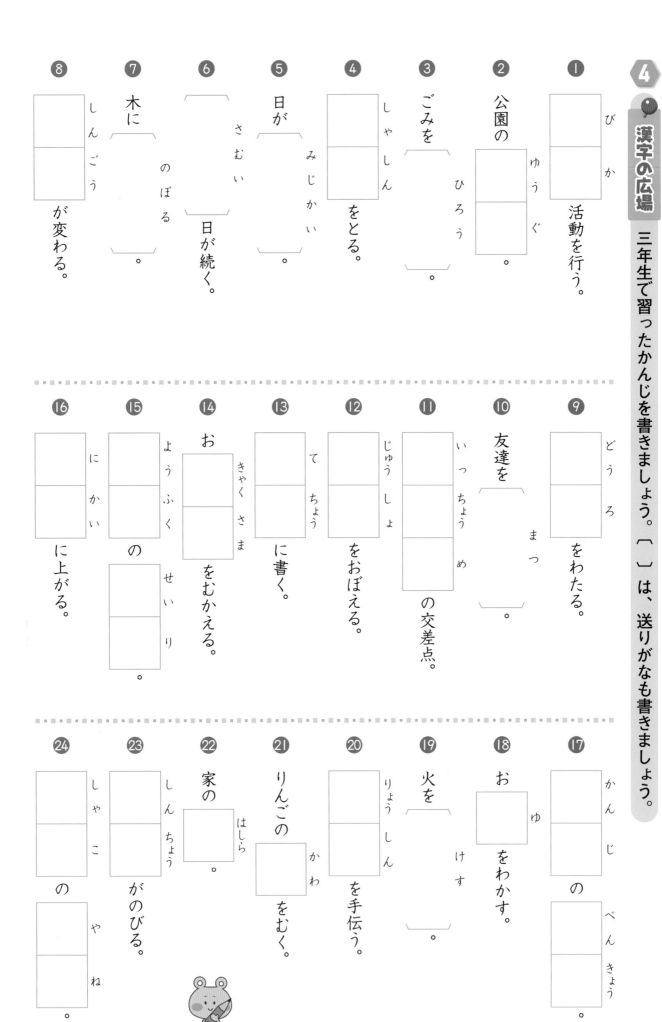

きょうみをもったことを中心に、しょうかいしよう／言葉について考えよう

きほんのワーク

風船でうちゅうへ
つながりに気をつけよう

◆「読み方」の赤い字は教科書で使われている読みです。はまちがえやすい漢字です。

教科書 下 99～116ページ

勉強した日　月　日

風船でうちゅうへ

101ページ

完 うかんむり

（立てる・はねる）

読み方
カン
―

使い方
完成《かんせい》・完結《かんけつ》・完全《かんぜん》

7画

にた意味をもつ漢字。
「完」と「全」はどちらも「欠けたところがない」という意味をもつよ。
完 例 完成・完了《りょう》
全 例 全体・全部

おぼえよう！

101ページ

験 うまへん

（はじめに書く・つき出さない・点の向き・はねる・はらう）

読み方
ケン・（ゲン）
―

使い方
実験《じっけん》・経験《けいけん》・体験《たいけん》

18画

102ページ

別 りっとう

（とめる・つき出さない・はねる）

読み方
ベツ
わかれる

使い方
別《べつ》の案・別人《べつじん》・区別《くべつ》
別《わか》れの日・人と別《わか》れる

7画

同じ読み方の言葉。
別《わか》れる……はなれて、べつべつになる。
例 友人と駅で別れる。
分《わ》かれる…一つのものが二つ以上になる。
例 道が分かれる。

注意！

106ページ

残 がつへん いちたへん

（わすれない・はねる）

読み方
ザン
のこる・のこす

使い方
残念《ざんねん》・残金《ざんきん》
耳に残《のこ》る・ご飯を残《のこ》す

10画

筆順 1 2 3 4 5　まちがえやすいところ…★

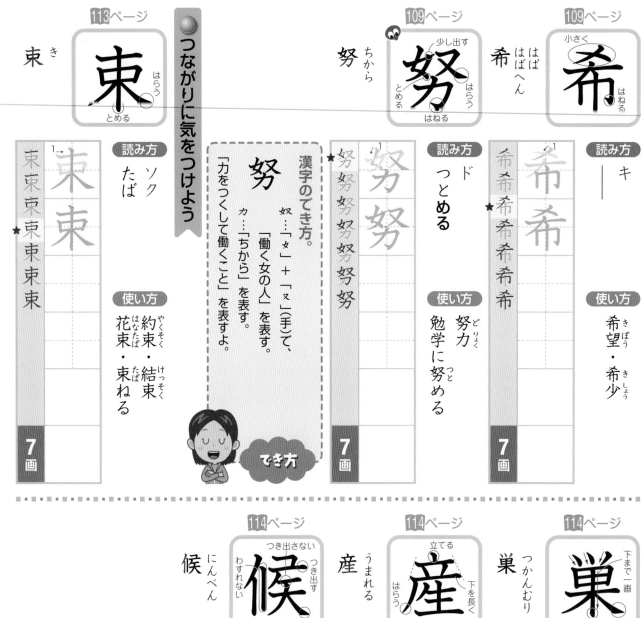

109ページ

希

小さく
はねる

希　はば　はばへん

読み方
キ
―

使い方
希望《きぼう》・希少《きしょう》

7画

109ページ

努

少し出す
はらう
とめる
はねる

努　ちから

読み方
ド
つとめる

使い方
努力《どりょく》
勉学に努《つと》める

7画

つながりに気をつけよう

漢字のでき方。

努

奴…「女」＋「又」(手)で、「働く女の人」を表す。
力…「ちから」を表す。
「力をつくして働くこと」を表すよ。

でき方

113ページ

束

はらう
とめる

束　き

読み方
ソク
たば

使い方
約束《やくそく》・結束《けっそく》
花束《はなたば》・束《たば》ねる

7画

114ページ

巣

下まで一画
とめる
はらう

巣　つかんむり

読み方
す（ソウ）

使い方
鳥の巣《す》・巣箱《すばこ》・巣立《すだ》ち

11画

114ページ

産

立てる
下を長く
はらう

産　うまれる

読み方
サン
うむ・うまれる
（うぶ）

使い方
出産《しゅっさん》・たまごを産《う》む
赤ちゃんが産《う》まれる

11画

114ページ

候

つき出さない
つき出す
わすれない
はらう

候　にんべん

読み方
コウ
（そうろう）

使い方
天候《てんこう》・気候《きこう》・兆候《ちょうこう》

10画

漢字の形に注意。

候

たてぼうをわすれないように。

注意！

116ページ

察　うかんむり

察
立てる　あける　はねる　下を長く　×タ　はねる

読み方
サツ
—

使い方
観察《かんさつ》・察知《さっち》・考察《こうさつ》

14画

形のにている漢字。
察（サツ）　例　観察・推《すい》察
祭（サイ）　例　祭日・祭典

注意！

116ページ

特　うしへん

特
下を長く　とめる　はねる

読み方
トク
—

使い方
特《とく》に良い・特色《とくしょく》・特別《とくべつ》

10画

形のにている漢字。
特（トク）　例　特別な日。
持（も-つ）　例　荷物を持つ。
待（ま-つ）　例　友達を待つ。

注意！

116ページ

兆　にんにょう　ひとあし

兆
はねる

読み方
チョウ
（きざ**す**）（きざ**し**）

使い方
八十一兆《ちょう》・前兆《ぜんちょう》

6画

116ページ

億　にんべん

億
立てる　下を長く　はねる

読み方
オク
—

使い方
三千億《おく》・一億《いちおく》

15画

116ページ

鏡　かねへん

鏡
立てる　はねる

読み方
キョウ
かがみ

使い方
望遠鏡《ぼうえんきょう》・鏡台《きょうだい》
手鏡《てかがみ》・鏡開《かがみびら》き

19画

読み方が新しい漢字

114ページ	鳥《チョウ》
	野鳥《やちょう》
116	自《みずから》
	自《みずか》ら

ものしりメモ　「兆」や「億」は数の単位だよ。小さい位から「一、十、百、千、万、億、兆、京《けい》…」と続くよ。

きょうみをもったことを中心に、しょうかいしよう／言葉について考えよう

練習のワーク

風船でうちゅうへ
つながりに気をつけよう

教科書 ㊦99～116ページ

答え 7ページ

勉強した日　月　日

1 新しい漢字を読みましょう。

① 99ページ 一号機が完成する。

② 最初の実験。

③ 別のことをする。

④ 残念な結末をむかえる。

⑤ 希望をすてない。

⑥ 努力を続ける。

⑦ 113ページ 待ち合わせの約束。

⑧ 野鳥が来る。

⑨ 鳥が巣を作る。

⑩ たまごを産む。

⑪ 天候が悪くなる。

⑫ 夜空を観察する。

⑬ 特に気になること。

⑭ 自ら光る星。

⑮ 八十一兆の数。

⑯ 三千億キロメートル。

⑰ 望遠鏡を買う。

ここからはってん

✿⑱ 手をふって別れる。

✿⑲ 強く心に残る。

✿⑳ 体力作りに努める。

✿㉑ 花束をわたす。

✿の漢字は新出漢字の別の読み方です。

✿22 出産をする。

✿23 手鏡を使う。

2 新しい漢字を書きましょう。〔　〕は、送りがなも書きましょう。

1 99ページ もけいを□□《かんせい》させる。

2 理科の□□《じっけん》をする。

3 □《べつ》の方法を考える。

4 □□《ざんねん》に思う。

5 □□《きぼう》を聞く。

6 □□《どりょく》を重ねる。

7 113ページ □□《やくそく》どおりに着く。

8 □□《やちょう》をほごする。

9 クモの□《す》がはる。

10 ねこが子を〔　〕《うむ》。

11 □□《てんこう》にめぐまれる。

12 植物の□□《かんさつ》。

13 □《とく》に好ききらいはない。

14 〔　〕《みずから》立ち向かう。

15 五□《ちょう》キロメートル。

16 一□《おく》もの大金をえる。

17 □□□《ぼうえんきょう》をのぞく。

✿18 ここからはってん 駅で友達と□《わか》れる。

✿19 草原に雪が□《のこ》る。

✿20 早起きに□《つと》める。

✿21 美しい□□《はなたば》。

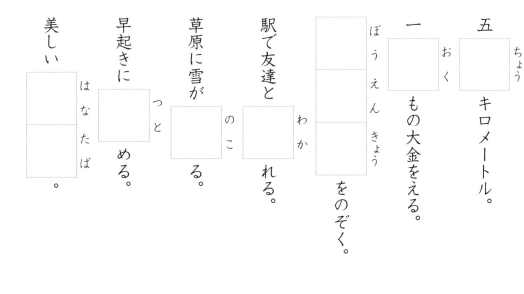

✻22 □□《しゅっさん》のお祝い。

✻23 □《て》□《かがみ》をのぞきこむ。

3 漢字で書きましょう。（〰は、送りがなも書きましょう。太字は、この回で習った漢字をつかった言葉です。）

1 あたらしいたてものが**かんせい**する。

2 **じっけん**にこおりとしおをつかう。

3 **きぼう**とは**べつ**のかかりになる。

4 **ざんねん**なけっかにおわる。

5 **どりょく**のすえにねがいをかなえる。

6 なかまとの**やくそく**をまもる。

7 アリの**す**のようすを**かんさつ**する。

8 **てんこう**がきゅうにかわる。

9 りょうりには**とく**にじしんがある。

10 **みずから**まわりのためにはたらく。

11 にちょうさんぜん**おく**えん。

12 **ぼうえんきょう**でどせいをみる。

きほんのワーク

スワンレイクのほとりで 漢字の広場⑥

◆「読み方」の赤い字は教科書で使われている読みです。はまちがえやすい漢字です。

教科書 下125～143ページ

勉強した日 月 日

スワンレイクのほとりで

129ページ
散（のぶん ぼくにょう）
読み方：サン／ちる・ちらす／ちらかす・ちらかる
使い方：散歩《さんぽ》・分散《ぶんさん》／葉が散《ち》る・紙が散《ち》らかる
12画

129ページ
民（うじ）
読み方：ミン／（たみ）
使い方：移民《いみん》・民族《みんぞく》・市民《しみん》
5画

130ページ
覚（みる）
読み方：カク／おぼえる／さます・さめる
使い方：感覚《かんかく》・字を覚《おぼ》える／目が覚《さ》める
12画

131ページ
勇（ちから）
読み方：ユウ／いさむ
使い方：勇気《ゆうき》・勇者《ゆうしゃ》／勇《いさ》ましい
9画

131ページ
笑（たけかんむり）
読み方：（ショウ）／わらう・（えむ）
使い方：大声で笑《わら》う・苦笑《にがわら》い
10画

読み方が新しい漢字

127ページ
白 ハク
白鳥《はくちょう》

練習のワーク

スワンレイクのほとりで
漢字の広場⑥

教科書 ㊦125～143ページ
答え 8ページ
勉強した日　月　日

1 あたらしい漢字を読みましょう。

① (125ページ) 白鳥（　　）の形の雲。

② 村を散歩（　　）する。

③ 移《い》民（　　）のつくった国。

④ 目が覚（　　）める。

⑤ 勇気（　　）を出す。

⑥ にっこり笑（　　）う。

✿⑦ (ここからはってん) さくらが散（　　）る。

✿⑧ 名前を覚（　　）える。

✿⑨ 勇（　　）ましいすがた。

2 あたらしい漢字を書きましょう。〔　〕は、送りがなも書きましょう。

① (125ページ) 湖に□□《はくちょう》がいる。

② 犬の□□《さんぽ》に行く。

③ 外国からの移《い》□《みん》。

④ 七時に目が〔　　〕《さめる》。

⑤ □□《ゆうき》をもらう。

⑥ 赤ちゃんが〔　　〕《わらう》。

✿⑦ (ここからはってん) 木の葉が□《ち》る。

✿⑧ 数字を□《おぼ》える。

✿⑨ □《いさ》ましい音楽。

✿の漢字は新出漢字の別の読み方です。

3 漢字の広場

三年生で習った漢字を書きましょう。〔　〕は、送りがなも書きましょう。

1 □□□《しんがっき》になる。

2 四月に□□《しんきゅう》する。

3 □□□《しぎょうしき》に出る。

4 山田《やまだ》□《くん》をよぶ。

5 クラスの□□《だいひょう》。

6 □□□《だいごかい》のコンクール。

7 □□《もうひつ》で書く。

8 □□《さくひん》をかざる。

9 □□《ぶんしゅう》をつくる。

10 短い□《し》を読む。

11 □□《ぶんしょう》を書く。

12 □□□《うんどうかい》のリレー。

13 玉入れで〔　〕《かつ》。

14 □□《ひっし》におうえんする。

15 息が〔　〕《くるしい》。

16 赤組が〔　〕《まける》。

17 □□□《がっきゅうかい》の時間。

18 □□《けってい》にしたがう。

19 □□《はんたい》の□□《いけん》。

20 速い□《たま》を〔　〕《うつ》。

21 □□□《たこうせい》との試合。

22 外国人と□□《こうりゅう》する。

23 時間を〔　〕《まもる》。

24 ボールを〔　〕《なげる》。

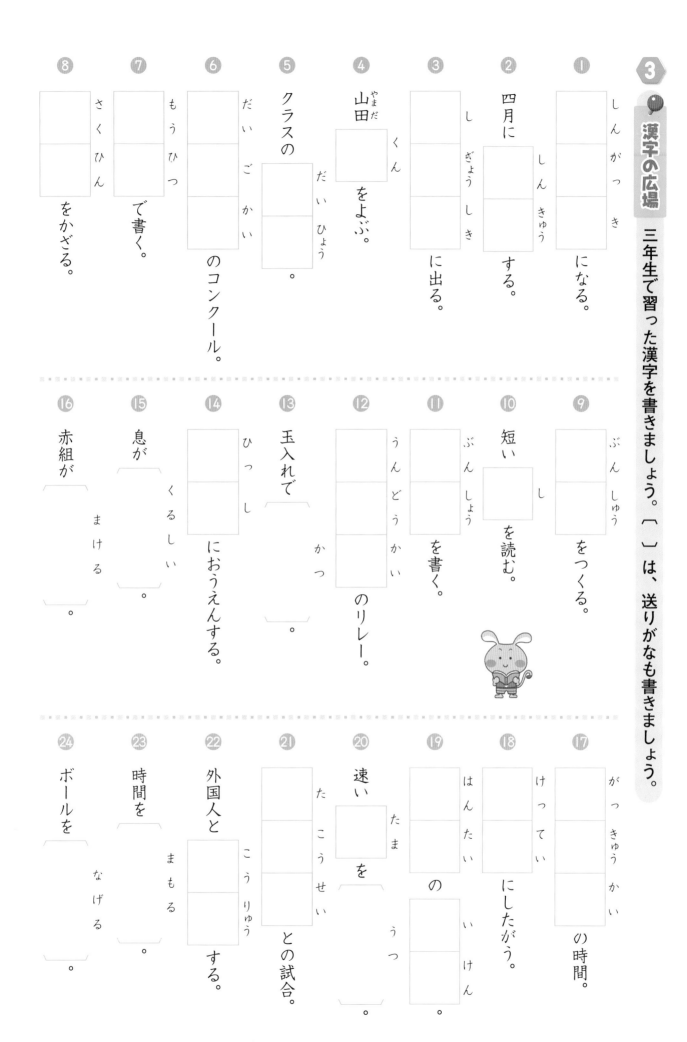

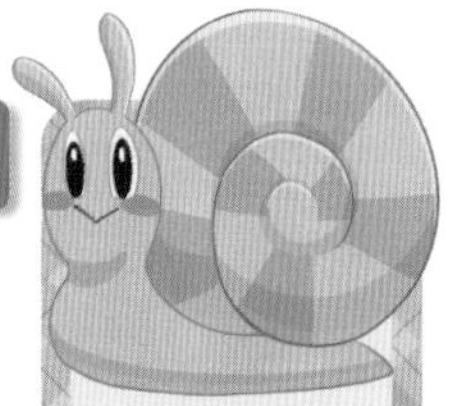

4年 仕上げのテスト

時間 20分

とく点 /100点

勉強した日 月 日

答え 8ページ

1 ――線の漢字の読み方を書きましょう。 一つ1（14点）

① 周辺（　）の町の共通点（　）を調べる。

② 魚が海底（　）でたまごを産（　）む。

③ 作品を完成（　）させることを約束（　）する。

④ 実験（　）の失敗を残念（　）に思う。

⑤ 野鳥（　）が公園の木に巣（　）を作る。

⑥ 望遠鏡（　）で夜空を観察（　）する。

⑦ 勇気（　）を出して自（　）ら前に進む。

2 □は漢字を、〔　〕は漢字と送りがなを書きましょう。 一つ2（28点）

① □□《れんそう》ゲーム。

② □□《りゅうせい》が光る。

③ □□《ちくりん》をあるく。

④ □□《かいひょう》の結果。

⑤ □□《ちゃくりく》する。

⑥ めずらしい□□《がんせき》。

⑦ □□《いふく》を買う。

⑧ □□《どりょく》する。

⑨ □□《てんこう》があれる。

⑩ □《とく》に大切にする。

⑪ 三千□《おく》円の金。

⑫ 犬の□□《さんぽ》。

⑬ 移《い》□《みん》が集まる。

⑭ 姉が〔　〕《わらう》。

3 ――線の言葉を、漢字と送りがなで書きましょう。 一つ2（8点）

① しっかりとおぼえる。

② 友人と駅でわかれる。

③ 弟をつれる。

④ 平和をねがう。

4 次の漢字の筆順で、正しいほうに○をつけましょう。 一つ1（2点）

① 希
ア（　）ノ メ 产 产 肴 希
イ（　）ノ メ 产 产 肴 肴 希

② 兆
ア（　）丶 冫 氵 兆 兆 兆
イ（　）丿 丿 爿 兆 兆 兆

5 次のいみに合う熟語《じゅく》になるように、□に漢字を書きましょう。また、（　）にその読み方を書きましょう。 一つ1（4点）

① 木の刀。 → □□（　　）

② 右に折れる。 → □□（　　）

6 次の熟語と漢字の組み合わせが同じ熟語を□から二つずつ選んで、□に書きましょう。 一つ1（8点）

① 希望

② 勝敗

③ 老木

④ 失礼

改行　出欠
側面　方法
挙手　大差
始末　競争

7 次の文からまちがって使われている漢字をさがして（　）に書き、正しい漢字を□に書きましょう。 両方できて1（3点）

① 水道官を直す作業を行う。（　　）→□

② 各地で最底気温を記録する。（　　）→□

③ 建物の府近を調べる。（　　）→□

8 ――線の同じ読み方をする言葉を、漢字で書きましょう。 一つ2（12点）

① 1 きょうりょくなライバル。　（　　　）
　 2 家族のきょうりょくが大切だ。　（　　　）

② 1 国語じてんで調べる。　（　　　）
　 2 百科じてんを買う。　（　　　）

③ 1 いがいな話を聞く。　（　　　）
　 2 国語いがいの教科。　（　　　）

9 次の言葉と反対の意味の言葉になるように、□の漢字を二字ずつ組み合わせて、□に書きましょう。 一つ1（3点）

① 失敗 ↔ □□
② 入学 ↔ □□
③ 人工 ↔ □□

功　業
天　成
卒　然

10 次のとくべつな読み方をする言葉の読み方を書きましょう。 一つ1（6点）

① 友達（　　　）
② 景色（　　　）
③ 七夕（　　　）
④ 真っ赤（　　っ　　）
⑤ 昨日（　　　）
⑥ 手伝う（　　　う）

11 □に「不・未・無」のうち、あてはまるものを書いて、打ち消しの言葉を作りましょう。 一つ1（6点）

① □関係
② □完全
③ □発表
④ □意味
⑤ □健康
⑥ □成年

12 次の漢字の赤字の部分は、何画目に書きますか。（　）に数字で書きましょう。また、総《そう》画数を□に書きましょう。 一つ1（6点）

① 帯（　　）画目　□画
② 械（　　）画目　□画
③ 飛（　　）画目　□画

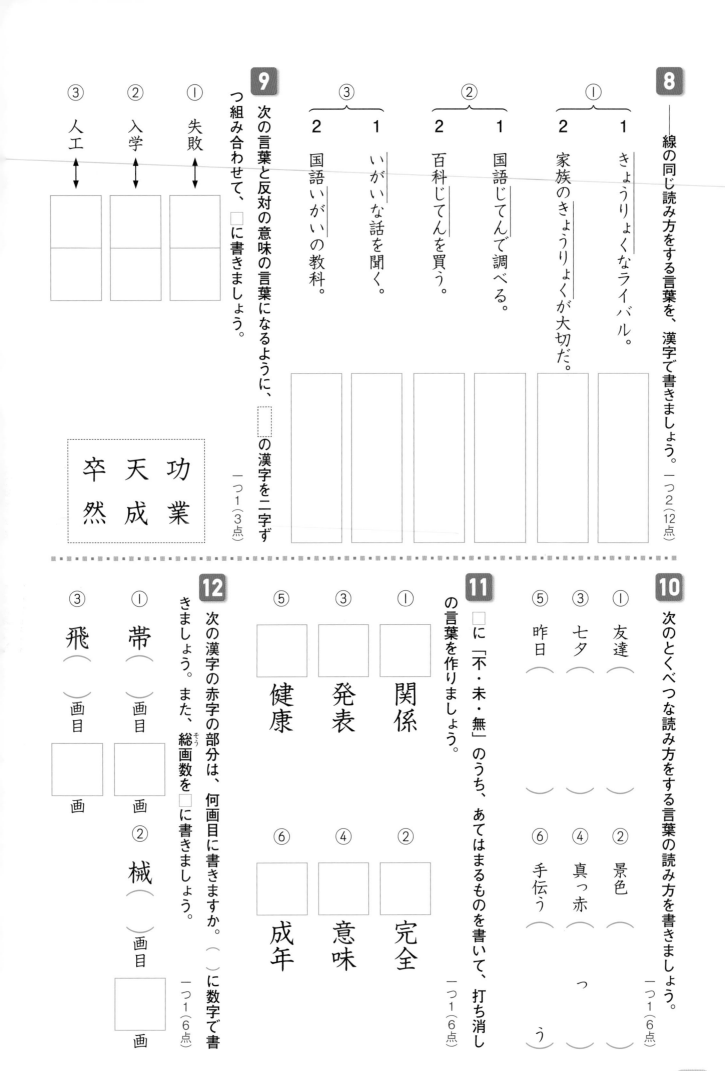

教科書ワーク

答えとてびき

「答えとてびき」は、とりはずすことができます。

光村図書版
漢字4年

使い方

まちがえた問題は確《かく》実に書けるまで、くり返し書いて練習することが大切です。この本で、教科書に出てくる漢字の使い方を覚《おぼ》えて、漢字の力を身につけましょう。

●教科書 国語四上 かがやき

白いぼうし／図書館の達人になろう

5～7ページ 練習のワーク

1
①しんごう ②そくたつ ③と ④うんてんせき ⑤たてもの ⑥な ⑦もくひょう ⑧れい ⑨ともだち ⑩ほうほう ⑪ぶんるい ⑫きかい ⑬ししょ ⑭じてん ⑮しる ⑯ごじゅうおんじゅん ⑰きろく ⑱ひこうじょう ⑲けん ⑳やさい ㉑たと

2
①信号 ②速達 ③飛ぶ ④運転席 ⑤建物 ⑥菜 ⑦目標 ⑧例 ⑨友達 ⑩方法 ⑪分類 ⑫機械 ⑬司書 ⑭事典 ⑮記す ⑯五十音順 ⑰記録 ⑱飛行場 ⑲建 ⑳野菜 ㉑例

3
①信号のある道路をわたる。
②ゆうびん局で速達を出す。
③鳥が自由に空を飛ぶ。
④自動車の運転席。 ⑤建物の横を通る。
⑥野原一面に菜の花がさく。
⑦今月の目標を紙に書く。
⑧具体てきな例をさがす。
⑨森を守る方法を考える。
⑩服を色べつに分類する。
⑪工場の機械が動く。
⑫司書の先生がすすめる本。
⑬重い百科事典を開く。
⑭すきな言葉を手帳に記す。
⑮平泳ぎの世界記録。

漢字辞典を使おう／春の楽しみ

10～12ページ 練習のワーク

1
①じてん ②な ③かくすう ④おんくん ⑤ぶしゅ ⑥めじるし ⑦とうざいなんぼく ⑧しず ⑨やしろ ⑩あいどくしょ ⑪さくや ⑫もと ⑬せいねん ⑭しろ ⑮しょか ⑯ふうけい ⑰む ⑱かいが ⑲りっしゅん ⑳せいちょう ㉑いん ㉒あんせい ㉓じょうかまち ㉔はじ ㉕はつゆき ㉖たいぐん ㉗むら

2
①辞典 ②成り ③画数 ④音訓 ⑤部首 ⑥目印 ⑦東西南北 ⑧静か ⑨社 ⑩愛読書 ⑪昨夜 ⑫本 ⑬青年 ⑭城 ⑮初夏 ⑯風景 ⑰群れ ⑱絵画 ⑲立春 ⑳成長 ㉑印 ㉒安静 ㉓城下町 ㉔初 ㉕群

3
①漢字辞典の部首さくいん。
②大きい城を目印に進む。

③静かに順番を待つ。
④愛読書を発表する。
⑤昨夜の出来事を話す。
⑥青年が理想を語る。
⑦初夏の風景が広がる。
⑧犬が羊の群れを追う。
⑨有名な絵画が公開される。

聞き取りメモのくふう／カンジーはかせの都道府県の旅1／漢字の広場①

16～19ページ 練習のワーク

❶
①ひつよう ②もくてき ③もち
④とどうふけん ⑤みやぎ ⑥たなばた
⑦やまがた ⑧いばらき ⑨とちぎ
⑩ぐんま ⑪さいたま ⑫じんこう
⑬かながわ ⑭にいがた ⑮とやま
⑯ふくい ⑰やまなし ⑱りょう ⑲ぎふ
⑳しずおか ㉑かなら ㉒かなめ ㉓まと
㉔ふ ㉕はか

❷
①必要 ②目的 ③用いる ④都道府県
⑤宮城 ⑥七夕 ⑦山形 ⑧茨城 ⑨栃木
⑩群馬 ⑪埼玉 ⑫人口 ⑬神奈川
⑭新潟 ⑮富山 ⑯福井 ⑰山梨 ⑱量
⑲岐阜 ⑳静岡 ㉑必 ㉒要 ㉓的 ㉔富
㉕量

❸
①必要な道具を用いる。
②旅行の目的を言う。
③人口の少ない都道府県。
④山形市内で夏祭りがある。
⑤栃木県の神社の写真。
⑥群馬県で温せんに入る。
⑦新潟でとれたお米を食べる。
⑧福井県で化石が発見される。
⑨山梨県と静岡県の山。

❹
①港・島 ②宮 ③坂道 ④宿 ⑤鉄橋
⑥放送局 ⑦中央・駅 ⑧県立 ⑨図書館
⑩地区 ⑪申し ⑫役所 ⑬都合
⑭農家・温室 ⑮曲がり ⑯羊
⑰畑・植える ⑱湖 ⑲薬局 ⑳銀行
㉑病院・医者 ㉒商店・店主 ㉓安
㉔行列

思いやりのデザイン／アップとルーズで伝える／お礼の気持ちを伝えよう／漢字の広場②

23～26ページ 練習のワーク

❶
①つた ②あんないず ③せつめいず
④けしき ⑤しあい ⑥こうはん
⑦せんしゅ ⑧かんきゃくせき ⑨はた
⑩しょうり ⑪しゅざい ⑫かんけい
⑬いがい ⑭きせつ ⑮しくちょうそん
⑯ぐん ⑰でんき ⑱と ⑲こころ
⑳えら ㉑こっき ㉒せきしょ ㉓かか
㉔ふし

❷
①伝える ②案内図 ③説明図 ④景色
⑤試合 ⑥後半 ⑦選手 ⑧観客席 ⑨旗
⑩勝利 ⑪取材 ⑫関係 ⑬以外 ⑭季節
⑮市区町村 ⑯郡 ⑰伝記 ⑱説 ⑲試
⑳選 ㉑国旗 ㉒関所 ㉓関 ㉔節

❸
①感動した気持ちを伝える。
②建物の案内図を見る。
③説明図のとおりに組み立てる。
④試合の後半に点を取る。
⑤野球選手を取材する。
⑥観客席で旗をふる。
⑦味方のチームが勝利する。
⑧相手との関係が深まる。
⑨家族以外にも相談する。
⑩新しい季節が始まる。
⑪東京都の市区町村。
⑫手紙の住所を郡から書く。

❹
①暑い ②練習 ③波 ④息・泳ぐ
⑤太陽 ⑥家族 ⑦荷物・持つ ⑧出発
⑨速い ⑩旅行・予定 ⑪九州
⑫祭り・氷 ⑬命中 ⑭有名人
⑮鉄板・油 ⑯炭 ⑰平等・配る ⑱注ぐ
⑲全部 ⑳味わう ㉑自由研究 ㉒豆・根
㉓温度・調べる ㉔緑色・葉

一つの花

29・30ページ 練習のワーク

❶ ①せんそう ②はいきゅう ③はん ④ず ⑤ほうたい ⑥な ⑦ぐんか ⑧へいたい ⑨いちりん ⑩たたか ⑪あらそ ⑫ひるめし(ちゅうはん) ⑬つつ ⑭おび ⑮ゆびわ

❷ ①戦争 ②配給 ③飯 ④頭 ⑤包帯 ⑥泣く ⑦軍歌 ⑧兵隊 ⑨一輪 ⑩戦 ⑪争 ⑫昼飯 ⑬包 ⑭帯 ⑮指輪

❸ ①兵隊が戦争からもどる。
②温かいご飯を食べる。
③包帯をまいて血を止める。
④悲しい出来事があって泣く。
⑤軍歌が流れる。
⑥庭に一輪の花がさく。

つなぎ言葉のはたらきを知ろう 短歌・俳句に親しもう(二) 要約するとき

34・35ページ 練習のワーク

❶ ①けんこう ②おっと ③し ④しゅくじつ ⑤ひゃっかてん ⑥たいふう ⑦じどうかん ⑧きのう(さくじつ) ⑨きかん ⑩よ ⑪ときょうそう ⑫め ⑬なら ⑭うめ ⑮ようやく ⑯いわ ⑰りょうやく ⑱はつが

❷ ①健康 ②夫 ③氏 ④祝日 ⑤百貨店 ⑥台風 ⑦児童館 ⑧昨日 ⑨器官 ⑩良い ⑪徒競走 ⑫芽 ⑬奈良 ⑭梅 ⑮要約 ⑯祝

❸ ①夫の健康の心配をする。
②百貨店で良い品を買う。
③児童館の前の梅の木。

新聞を作ろう カンジーはかせの都道府県の旅2

39~41ページ 練習のワーク

❶ ①くふう ②つ ③せいしょ ④かいとう ⑤しが ⑥おおさか ⑦とっとり ⑧とくしま ⑨かがわ ⑩えひめ ⑪さが ⑫ながさき ⑬くまもと ⑭おおいた ⑮かごしま ⑯おきなわ ⑰ふきん ⑱きよ ⑲かお ⑳しか

❷ ①工夫 ②付け ③清書 ④回答 ⑤滋賀 ⑥大阪 ⑦鳥取 ⑧徳島 ⑨香川 ⑩愛媛 ⑪佐賀 ⑫長崎 ⑬熊本 ⑭大分 ⑮鹿児島 ⑯沖縄 ⑰付近 ⑱清 ⑲香 ⑳鹿

❸ ①言葉を工夫して伝える。
②家の柱に印を付ける。
③毛筆で清書する。
④相手からの回答を待つ。
⑤滋賀県にある広い湖。
⑥大阪を走る電車。
⑦鳥取で有名な観光地。
⑧徳島県と愛媛県は近い。
⑨香川名物のうどんを食べる。
⑩佐賀県で美しい絵皿を買う。
⑪長崎県の教会の屋根。
⑫熊本市内にあるお城。
⑬大分県の旅館にとまる。
⑭鹿児島の空港へ向かう。
⑮沖縄の海で泳ぐ。

本のポップや帯を作ろう 神様の階段

43ページ 練習のワーク

❶ ①ねったい ②てつだ ③しゅんかしゅうとう ④はたら ⑤えいよう ⑥み ⑦あつ ⑧さか ⑨まんてん

❷ ①熱帯 ②手伝う ③春夏秋冬 ④働く ⑤栄養 ⑥満ちる ⑦熱 ⑧栄 ⑨満点

44・45ページ　まとめのテスト❶

1 ①しんごう・たてもの　②な・と
③ぶしゅ・もくひょう
④かくすう・じてん　⑤やしろ・む
⑥たなばた・かいが
⑦とどうふけん・じんこう

2 ①速達　②運転席　③例　④分類　⑤司書
⑥記録　⑦音訓　⑧静か　⑨愛読書
⑩昨夜　⑪城　⑫初夏　⑬風景　⑭量

3 ①満たす　②伝える　③必ず　④用いる
⑤養う

4 ①イ　②ア　③ア

5 ①氵　②糸　③艹　④灬　⑤辶　⑥言

6 ①良　②成　③的　④軍

7 ①7（七）　②9（九）　③15（十五）
④6（六）

てびき

1 ④では「画」を「カク」と読み、⑥では「画」を「ガ」と読みます。二つの音読みに注意して読み分けましょう。

3 送りがなをまちがえやすい漢字です。
③「必ず」を「必らず」、⑤「養う」を「養なう」などとしないようにしましょう。

4 ①「自分の力を信じること」という意味のほうを選びます。
②「機関」は「ある仕事をするために作られたそしきや仕組み」、「器官」は「体の中で、あるはたらきをする部分」という意味を表します。
③「関心」は「物事にきょうみをもつこと」、「感心」は「えらい、すばらしいなどと心に深く感じること」という意味を表します。

5 ④「灬」（れんが・れっか）は、主に火や熱に関係のある漢字に付きます。

6 それぞれ、□に漢字をあてはめてみて、考えましょう。

7 ①「良薬」は、「良くきく薬」という意味です。
③「己」の部分は、三画で書きます。

46・47ページ　まとめのテスト❷

1 ①しあい・しゅざい　②かんけい・いがい
③きせつ・いちりん
④せんそう・へいたい　⑤たいふう・うめ
⑥つ・くふう　⑦はたら・てつだ

2 ①案内図　②観客席　③旗　④勝利
⑤配給　⑥飯　⑦包帯　⑧健康　⑨夫
⑩祝日　⑪百貨店　⑫児童館　⑬徒競走
⑭栄養

3 ①1熱い　2暑い　②1初め　2始め
③1建てる　2立てる

4 ①清・晴　②群・郡

5 ①埼玉　②新潟　③富山　④山梨　⑤徳島
⑥香川　⑦佐賀　⑧長崎

6 ①順　②要

7 ①イ　②ア

てびき

2 ⑧「健」は「建」と形がにているので注意しましょう。「健康」は人に関係のあることなので「亻」が付きます。

3 ②「最初の部分や時間」を意味するときは「初め」、「物事の開始」を意味するときは「始め」と書きます。

4 ①「清」は「きよらか」、「晴」は「はれ」という意味を表します。
②「群」は「むれ・集まり」、「郡」は「都道府県の一部分で、町村をふくむ区切り」という意味を表します。

5 都道府県名を漢字で書けるように、まとめて覚えましょう。

6 ②「臼」の部分は、六画で書きます。
それぞれ、□に漢字をあてはめてみて、全部の言葉ができるかたしかめましょう。

7 ①「必」は、先に「心」と書かないようにしましょう。

ぼくは川／あなたなら、どう言う パンフレットを読もう どう直したらいいかな

49ページ 練習のワーク

❶ ①ま・か ②ねえ ③めいれい ④いち ⑤ぎょぎょう ⑥かいすいよくじょう ⑦お ⑧りょう ⑨あ

❷ ①真っ赤 ②姉さん ③命令 ④位置 ⑤漁業 ⑥海水浴場 ⑦置 ⑧漁 ⑨浴

いろいろな意味をもつ言葉 ローマ字を使いこなそう 漢字の広場③

53～55ページ 練習のワーク

❶ ①しゅっけつ ②そつぎょうしき ③たんこうぼん ④けっか ⑤ちょっけい ⑥ふくだいじん ⑦がいとう ⑧えいご ⑨さんこう ⑩がっしょう ⑪しおけ ⑫ちすい ⑬いんさつ ⑭か ⑮むす ⑯は ⑰まい ⑱とな ⑲えんぶん ⑳なお ㉑す

❷ ①出欠 ②卒業式 ③単行本 ④結果 ⑤直径 ⑥副大臣 ⑦街灯 ⑧英語 ⑨参考 ⑩合唱 ⑪塩気 ⑫治水 ⑬印刷 ⑭欠 ⑮結 ⑯果 ⑰唱 ⑱治

❸ ①卒業式で合唱する。
②試合の結果を参考にする。
③副大臣が英語で話す。

❹ ①始まり ②落とす ③追う ④急ぐ ⑤進む ⑥転がる ⑦暗い ⑧深い ⑨酒・飲む ⑩皿 ⑪礼 ⑫幸福 ⑬悪い ⑭海岸・去る ⑮悲しい ⑯助ける ⑰乗る ⑱向かう ⑲着く ⑳美しい ㉑玉手箱 ㉒受け取る ㉓開ける ㉔終わり

●教科書 国語四下 はばたき

ごんぎつね 漢字を正しく使おう

60～63ページ 練習のワーク

❶ ①へんか ②けつまつ ③なたね ④や ⑤つづ ⑥おがわ ⑦お ⑧つ ⑨まつ ⑩ふしぎ ⑪さ ⑫ねん ⑬かた ⑭びん ⑮はくぶつかん ⑯あさ ⑰そうこ ⑱なふだ ⑲まご ⑳せいこう ㉑さんか ㉒ぼくじょう ㉓とくほん ㉔か ㉕みょうごにち ㉖べいさく ㉗こがい ㉘こ ㉙なか ㉚か ㉛すえ ㉜しゅるい ㉝ぞくしゅつ ㉞めんせき ㉟こてい ㊱べんり ㊲こめぐら ㊳さつ ㊴くわ

❷ ①変化 ②結末 ③菜種 ④家 ⑤続く ⑥小川 ⑦折る ⑧積む ⑨松 ⑩不思議 ⑪差す ⑫念 ⑬固める ⑭便 ⑮博物館 ⑯浅い ⑰倉庫 ⑱名札 ⑲孫 ⑳成功 ㉑参加 ㉒牧場 ㉓読本 ㉔借りる ㉕明後日 ㉖米作 ㉗戸外 ㉘木 ㉙半ば ㉚変 ㉛末 ㉜種類 ㉝続出 ㉞面積 ㉟固定 ㊱便利 ㊲米倉 ㊳札 ㊴加

❸ ①色が変化する不思議な石。
②工事は明後日まで続く。
③小川の浅い場所で遊ぶ。
④便せんを二つに折る。
⑤倉庫に大量の箱を積む。
⑥松たけご飯を食べる。
⑦鉄道の博物館へ行く。
⑧参加する人に名札を配る。
⑨牧場で初めて馬に乗る。

クラスみんなで決めるには 未来につなぐ工芸品／慣用句 短歌・俳句に親しもう（二）／漢字の広場④

67～69ページ 練習のワーク

❶ ①あ ②きょうりょく ③せっきょくてき ④もと ⑤みらい ⑥こうげいひん ⑦かくち ⑧ざいりょう ⑨しぜん ⑩なか ⑪ろう ⑫や ⑬ひ ⑭こんじき（きんいろ） ⑮て ⑯せんきょ ⑰ようきゅう ⑱てんねん ⑲れいき ⑳つめ ㉑しょうめい

❷ ①挙げる ②協力 ③積極的 ④求める
⑤未来 ⑥工芸品 ⑦各地 ⑧材料
⑨自然 ⑩仲 ⑪労 ⑫焼く ⑬冷やす
⑭金色 ⑮照らす ⑯選挙 ⑰要求 ⑱冷

❸ ①他人に協力を求める。
②東北各地の自然を調べる。
③全部の材料を焼く。

❹ ①世界地図 ②神話・童話 ③使う
④図書委員 ⑤返す ⑥起立 ⑦指名
⑧倍・面積 ⑨問題 ⑩横 ⑪鼻血 ⑫歯
⑬感想 ⑭実物 ⑮昭和 ⑯昔・遊び
⑰仕事 ⑱体育館 ⑲軽い ⑳重い
㉑係・相談 ㉒次・笛 ㉓校庭 ㉔秒

友情のかべ新聞
もしものときにそなえよう
冬の楽しみ

72・73ページ 練習のワーク

❶ ①す ②せいはんたい ③さいこう
④はんせい ⑤ほうかご ⑥むり
⑦みぎがわ ⑧あらた ⑨しょうじき
⑩いっしゅう ⑪がい ⑫う ⑬がん
⑭この ⑮もっと ⑯はぶ ⑰かいぎょう
⑱まわ

❷ ①好き ②正反対 ③最高 ④反省
⑤放課後 ⑥無理 ⑦右側 ⑧改める
⑨正直 ⑩一周 ⑪害 ⑫雨 ⑬元 ⑭好
⑮最 ⑯省 ⑰改行 ⑱周

❸ ①店で好きな料理を選ぶ。
②自分の行動を反省する。
③荷物をいすの右側に置く。

冬休み　まとめのテスト①・②

74・75ページ まとめのテスト❶

1 ①かいすいよくじょう・いち
②たんこうぼん・さんこう
③えいご・がっしょう ④いんさつ・びん
⑤さ・へんか ⑥ぼくじょう・かた
⑦なか・はくぶつかん

2 ①命令 ②漁業 ③卒業式 ④結果
⑤塩気 ⑥菜種 ⑦折る ⑧積む ⑨松
⑩不思議 ⑪念 ⑫倉庫 ⑬成功 ⑭戸外

3 ①欠ける ②治める ③周り ④加わる
⑤結ぶ ⑥改める

4 ①果 ②続

5 ①副・福 ②札・礼 ③末・未

6 ①3(三)・12(十二) ②1(一)・7(七)

7 ①ぎょうにんべん
②ぎょうがまえ(ゆきがまえ)
③りっとう ④れんが(れっか)

てびき

3 送りがなをまちがえやすい漢字です。⑥「改める」を「改ためる」などとしないようにしましょう。

4 ②「つらなる(連なる)」は、「一列にならんで続く」という意味です。

5 ①「畐」の部分が共《きょう》通しています。
②「乚」の部分が共通しています。
③「末《まつ》」は一画目よりも二画目が短く、「未《み》」は一画目よりも二画目が長くなっています。

7 ②は左の「彳」の部分だけでなく、「行」全体で「ぎょうがまえ(ゆきがまえ)」という部首になります。①の「径」との部首のちがいに気をつけましょう。

76・77ページ まとめのテスト❷

1 ①きょうりょく・ろう
②や・こうげいひん
③せいはんたい・なか ④がん・す
⑤はんせい・あらた ⑥むり・しょうじき
⑦う・がい

2 ①挙げる ②積極的 ③求める ④未来
⑤各地 ⑥材料 ⑦自然 ⑧冷やす
⑨金色 ⑩照らす ⑪最高 ⑫放課後
⑬右側 ⑭一周

3 ①1街灯　2街頭　②1追求　2追究
③1機械　2機会
4 ①置　②料　③変　④欠
5 ①浅　②借
6 ①念　②種　③折　④印　⑤牧　⑥漁
7 ①博　②参　③令　④孫

てびき

2 ①「挙げる」を「上げる」と書かないように注意しましょう。

3 同じ読み方をする言葉を漢字で書くときには、言葉の意味を考えながら、気をつけて書きましょう。
①1「街灯」は「通りを照らすために道ばたに取りつけた電灯」、2「街頭」は「街の中の広場や道路」という意味です。
②1「追求」は「のぞむものを手に入れようとすること」、2「追究」は「何かを明らかにしようとすること」という意味です。

6 □の部分は、それぞれの漢字の部首となります。「へん」なら左側に付くなど、部首が分かれば組み合わせの手がかりになります。

自分だけの詩集を作ろう　言葉から連想を広げて　熟語の意味／漢字の広場⑤

81〜84ページ　練習のワーク

1 ①きょうつうてん　②れんそう　③ぼくとう　④りゅうせい　⑤ちくりん(たけばやし)　⑥じんりき(じんりょく)　⑦でんごん　⑧がんぼう　⑨しょうしつ　⑩しゅうへん　⑪こうてい　⑫しょうはい　⑬ろうぼく　⑭かいてい　⑮かいひょう　⑯ちゃくりく　⑰けっかん　⑱がんせき　⑲いふく　⑳うせつ　㉑とも　㉒つらら　㉓ねが　㉔うしな　㉕あた　㉖ひく　㉗やぶ　㉘お　㉙そこ　㉚くだ

2 ①共通点　②連想　③木刀　④流星　⑤竹林　⑥人力　⑦伝言　⑧願望　⑨消失　⑩周辺　⑪高低　⑫勝敗　⑬老木　⑭海底　⑮開票　⑯着陸　⑰血管　⑱岩石　⑲衣服　⑳右折　㉑共　㉒連　㉓願　㉔失　㉕辺　㉖低　㉗敗　㉘老　㉙底　㉚管

3 ①共通点を全て挙げる。
②岩石の形から連想する。
③願望を言葉で表す。
④老木の周辺で休む。
⑤開票の結果を伝える。
⑥飛行機が着陸する。

4 ①美化　②遊具　③拾う　④写真　⑤短い　⑥寒い　⑦登る　⑧信号　⑨道路　⑩待つ　⑪一丁目　⑫住所　⑬手帳　⑭客様　⑮洋服・整理　⑯二階　⑰漢字・勉強　⑱湯　⑲消す　⑳両親　㉑皮　㉒柱　㉓身長　㉔車庫・屋根

風船でうちゅうへ　つながりに気をつけよう

88〜90ページ　練習のワーク

1 ①かんせい　②じっけん　③べつ　④ざんねん　⑤きぼう　⑥どりょく　⑦やくそく　⑧やちょう　⑨す　⑩う　⑪てんこう　⑫かんさつ　⑬とく　⑭みずか　⑮ちょう　⑯おく　⑰ぼうえんきょう　⑱わか　⑲のこ　⑳つと　㉑はなたば　㉒しゅっさん　㉓てかがみ

2 ①完成　②実験　③別　④残念　⑤希望　⑥努力　⑦約束　⑧野鳥　⑨巣　⑩産む　⑪天候　⑫観察　⑬特　⑭自ら　⑮兆　⑯億　⑰望遠鏡　⑱別　⑲残　⑳努　㉑花束　㉒出産　㉓手鏡

3 ①新しい建物が完成する。
②実験に氷と塩を使う。
③希望とは別の係になる。

④残念な結果に終わる。
⑤努力の末に願いをかなえる。
⑥仲間との約束を守る。
⑦アリの巣の様子を観察する。
⑧天候が急に変わる。
⑨料理には特に自信がある。
⑩自ら周りのために働く。
⑪二兆三千億円。 ⑫望遠鏡で土星を見る。

スワンレイクのほとりで 漢字の広場⑥

92・93ページ 練習のワーク

1 ①はくちょう(しらとり) ②さんぽ ③みん ④さ ⑤ゆうき ⑥わら ⑦ち ⑧おぼ ⑨いさ

2 ①白鳥 ②散歩 ③民 ④覚める ⑤勇気 ⑥笑う ⑦散 ⑧覚 ⑨勇

3 ①新学期 ②進級 ③始業式 ④君 ⑤代表 ⑥第五回 ⑦毛筆 ⑧作品 ⑨文集 ⑩詩 ⑪文章 ⑫運動会 ⑬勝つ ⑭必死 ⑮苦しい ⑯負ける ⑰学級会 ⑱決定 ⑲反対・意見 ⑳球・打つ ㉑他校生 ㉒交流 ㉓守る ㉔投げる

4年 仕上げのテスト

94〜96ページ 仕上げのテスト

1 ①しゅうへん・きょうつうてん ②かいてい・う ③かんせい・やくそく ④じっけん・ざんねん ⑤やちょう・す ⑥ぼうえんきょう・かんさつ ⑦ゆうき・みずか

2 ①連想 ②流星 ③竹林 ④開票 ⑤着陸 ⑥岩石 ⑦衣服 ⑧努力 ⑨天候 ⑩特 ⑪億 ⑫散歩 ⑬民 ⑭笑う

3 ①覚える ②別れる ③連れる ④願う

4 ①イ ②イ

5 ①木刀・ぼくとう ②右折・うせつ

6 (それぞれ順じょなし)①方法・競争 ②出欠・始末 ③側面・大差 ④改行・挙手

7 ①官→管 ②底→低 ③府→付

8 ①1強力 2協力 ②1辞典 2事典 ③1意外 2以外

9 ①成功 ②卒業 ③天然

10 ①ともだち ②けしき ③たなばた ④ま・か ⑤きのう ⑥てつだ

11 ①無 ②不 ③未 ④無 ⑤不 ⑥未

12 ①4(四)・10(十) ②6(六)・11(十一) ③4(四)・9(九)

てびき

3 ②「別れる」を「別かれる」などとしないようにしましょう。また、「分かれる」とすると別の意味になるので注意しましょう。

5 上の漢字が、下の漢字を修飾《しゅうしょく》する関係にある組み合わせの熟《じゅく》語です。

6 ①にた意味をもつ漢字の組み合わせ、②反対の意味をもつ漢字の組み合わせ、③上の漢字が、下の漢字を修飾する関係にある組み合わせ、④「―を」「―に」に当たる意味の漢字が下に来る組み合わせの熟語です。

7 ①は「水道の管」、②は「最も低い気温」と考えると、正しい漢字が分かります。③「付近」は「近くの場所」という意味です。

8 ③1「意外」は「考えていた様子とちがっていること」、2「以外」は「それをのぞいた他のもの」という意味です。

10 特別な読み方をする言葉は、漢字一字ずつではなく、言葉全体で読みます。⑤「昨日」には、「さくじつ」という読み方もあります。

12 ①「帯」は、筆順とともに、二画目と五画目を続けて一画で書かないようにも注意しましょう。

3 2 1 0 9 8 7 6 5 4
＊ ＊ D C B A